PROLEGÔMENOS A TODA METAFÍSICA FUTURA QUE SE POSSA APRESENTAR COMO CIÊNCIA

As obras de Kant publicadas na Coleção Pensamento Humano estão sob a coordenação de:

Bruno Cunha, UFSJ
Diego Kosbiau Trevisan, UFSC
Robinson Santos, UFPEL

Dados Internacionais de Catalogação na Publicação (CIP)
(Câmara Brasileira do Livro, SP, Brasil)

Kant, Immanuel, 1724-1804
    Prolegômenos a toda metafísica futura que se possa apresentar como ciência / Immanuel Kant ; tradução de Joãosinho Beckenkamp. – Petrópolis, RJ : Vozes, 2025. – (Coleção Pensamento Humano)

    Título original: Prolegomena zu einer jeden künftigen Metaphysik die als Wissenschaft wird auftreten können

    ISBN 978-85-326-7195-0

    1. Ciência 2. Filosofia 3. Kant, Immanuel, 1724-1804 – Metafísica
I. Título. II. Série.

25-252417   CDD-193

Índices para catálogo sistemático:
1. Kant : Filosofia alemã   193

Eliete Marques da Silva – Bibliotecária – CRB-8/9380

Immanuel Kant

PROLEGÔMENOS A TODA METAFÍSICA FUTURA QUE SE POSSA APRESENTAR COMO CIÊNCIA

Tradução de Joãosinho Beckenkamp

Petrópolis

Tradução do original em alemão intitulado *Prolegomena zu einer jeden künftigen Metaphysik die als Wissenschaft wird auftreten können*

© desta tradução:
2025, Editora Vozes Ltda.
Rua Frei Luís, 100
25689-900 Petrópolis, RJ
www.vozes.com.br
Brasil

Todos os direitos reservados. Nenhuma parte desta obra poderá ser reproduzida ou transmitida por qualquer forma e/ou quaisquer meios (eletrônico ou mecânico, incluindo fotocópia e gravação) ou arquivada em qualquer sistema ou banco de dados sem permissão escrita da editora.

CONSELHO EDITORIAL

Diretor
Volney J. Berkenbrock

Editores
Aline dos Santos Carneiro
Edrian Josué Pasini
Marilac Loraine Oleniki
Welder Lancieri Marchini

Conselheiros
Elói Dionísio Piva
Francisco Morás
Teobaldo Heidemann
Thiago Alexandre Hayakawa

Secretário executivo
Leonardo A.R.T. dos Santos

PRODUÇÃO EDITORIAL

Anna Catharina Miranda
Eric Parrot
Jailson Scota
Marcelo Telles
Mirela de Oliveira
Natália França
Priscilla A.F. Alves
Rafael de Oliveira
Samuel Rezende
Verônica M. Guedes

Diagramação: Editora Vozes
Revisão: Nilton Braz da Rocha
Capa: Editora Vozes

ISBN 978-85-326-7195-0

Este livro foi composto e impresso pela Editora Vozes Ltda.

SUMÁRIO

Estudo introdutório, 7

[Prefácio], 17

Prolegômenos, 27
    Prólogo sobre o próprio de todo conhecimento metafísico

Prolegômenos, 39
    Questão geral: Como é possível conhecimento a partir da razão pura?

Primeira parte da questão transcendental principal, 45
    Como é possível matemática pura?

Segunda parte da questão transcendental principal, 61
    Como é possível ciência natural pura?

Terceira parte da questão transcendental principal, 97
    Como é possível metafísica em geral?

Solução da questão geral dos Prolegômenos, 137
    Como é possível metafísica como ciência?

Apêndice, 157
    Resenha da *Crítica da razão pura*

Glossários, 165

Índice onomástico, 171

ESTUDO INTRODUTÓRIO[1]

Depois de se ter aprofundado em metafísica ao longo de uma década, uma década de silêncio em que Kant não publicou praticamente nada, a publicação da *Crítica da razão pura* em 1781 veio acompanhada da parte dele por uma ansiedade justificada acerca de como o público letrado reagiria. Dos autores famosos daquele período, Kant esperava a reação particularmente de Moses Mendelssohn, Christian Garve e Johann Tetens, como confessa adiante em cartas a Garve, de 7 de agosto de 1783 (cf. Br, AA 10:341), e a Mendelssohn, de 13 de agosto de 1783 (cf. Br, AA 10:341). Por intermédio de seu antigo aluno Markus Herz, agora médico em Berlim, Kant ficou sabendo ainda em maio de 1781 que Mendelssohn havia colocado de lado o livro, para desagrado de Kant (cf. Br, AA 10:270); os outros dois não tinham se manifestado.

Aliás, Garve escreveu uma resenha da *Crítica da razão pura* sob encomenda da revista de resenhas *Göttingische Gelehrte Anzeigen*, a qual acabaria sendo a única reação considerável, infelizmente negativa; a resenha, publicada anonimamente (como era prática comum da revista) em 19 de janeiro de 1782, tinha sido alterada por Feder, o editor da revista, resultando numa versão tendenciosa que muito irritou Kant. Não esperando decerto uma revolução na filosofia, Garve se desincumbiu da função diplomaticamente, ou seja, relatando superficialmente o que conseguiu apreender da obra, mas deixando transparecer sua incompreensão diante de um novo jargão de difícil associação com o que se praticara em filosofia até então. Feder, por seu turno, reforçou a sugestão de relações da obra tanto com o idealismo de Berkeley, por propor que o entendimento faz os

---

1. Joãosinho Beckenkamp é professor titular da UFMG e pesquisador de filosofia alemã clássica. É autor dos livros *Entre Kant e Hegel*; *O jovem Hegel: Formação de um sistema pós-kantiano*; *Introdução à filosofia crítica de Kant*; *Ceticismo e idealismo alemão* e *Analogia e simbolização em Kant*. De Kant já traduziu *Sonhos de um visionário explicados por sonhos da metafísica* e *Princípios metafísicos da doutrina do direito*.

objetos a partir das aparências sensíveis[2], quanto com o ceticismo de Hume[3], o que num contexto marcado pelos ataques dos defensores do senso comum às consequências das filosofias tanto de Berkeley quanto de Hume significa um ataque também à filosofia transcendental proposta na *Crítica da razão pura*.

Um dos propósitos dos *Prolegômenos* foi então dar uma resposta à resenha desfavorável da revista de Göttingen. Às insinuações feitas na resenha de que a obra não se destacaria suficientemente do ceticismo e de Hume, Kant responde com uma admissão pública da influência sofrida por este lado: "Eu admito francamente que foi justamente a lembrança de *David Hume* que, há muitos anos, interrompeu por primeiro meu sono dogmático, conferindo a minhas investigações no campo da filosofia especulativa uma direção bem diferente" (Prol, AA 4:260). Em vez de se defender da acusação de simpatia pelo ceticismo humeano, portanto, Kant se coloca em linha de continuidade com as investigações feitas por Hume. Mais do que isto, entretanto, ele defende Hume de seus detratores: "Mas o destino, desde sempre desfavorável à metafísica, quis que ele não fosse entendido por ninguém. Não se pode assistir sem sentir uma certa pena como seus adversários *Reid, Oswald, Beattie* e, por fim, também *Priestley* erraram completamente o ponto de seu problema, tomando sempre por admitido aquilo que ele justamente duvidava e, por outro lado, demonstrando com veemência e em geral com grande imodéstia aquilo que nunca lhe ocorreu duvidar, com o que ignoraram de tal maneira sua indicação de melhoria, que tudo ficou no velho estado, como se nada tivesse acontecido" (Prol, AA 4:258)[4]. Com esta

---

2. Cf. *Göttingische Gelehrte Anzeigen* 3 (1782), p. 41.

3. Cf. *Göttingische Gelehrte Anzeigen* 3 (1782), p. 44-45 e 47-48.

4. Kant, aliás, estende aqui a crítica que Tetens já fizera a Beattie dizendo que suas objeções contra Hume "se baseiam num mal-entendido" (TETENS, J.N. *Philosophische Versuche über die menschliche Natur*. Leipzig: Weidmanns Erben und Reich, 1777, p. 56). De Priestley havia sido lançada em 1782 uma tradução alemã de *Letters to a philosophical unbeliever* (1780), na qual ataca Hume a partir de uma psicologia associacionista, como antes fizera já em relação a Reid, Beattie e Oswald (1774, *An examination of Dr. Reid's inquiry, Beattie's Essay &c. and Oswald's* Appeal &c.). De Reid foi lançada também em 1782 a tradução alemã de *An inquiry into the human mind on the principles of common sense* (1764).

defesa de Hume, Kant não só se posicionava claramente contra a filosofia do senso comum, mas atingia também seus simpatizantes entre os alemães, como era o caso da revista de Göttingen, porta-voz de ideias vindas da Grã-Bretanha, numa onda de recepção de autores de língua inglesa que na década de 1770, portanto a década do silêncio de Kant e que precede sua *Crítica da razão pura*, levou a uma ampla adesão dos professores de filosofia ao empirismo inglês e mesmo à filosofia do senso comum. O contra-ataque de Kant nos *Prolegômenos* se revelaria decisivo, marcando o declínio da filosofia do senso comum na Alemanha, ao mesmo tempo que levou a uma primeira recepção do ceticismo humeano na década seguinte.

Quanto à insinuação de uma relação da *Crítica da razão pura* com um idealismo do tipo berkeleyano, Kant se viu forçado a explicar melhor o que entendia por "idealismo transcendental", uma expressão de que se valera na *Crítica da razão pura*: "Pois que eu mesmo tenha dado à minha teoria o nome de idealismo transcendental não autoriza ninguém a confundi-lo com o idealismo empírico de *Descartes* [...] ou com o idealismo místico e quimérico de *Berkeley* (contra o qual e contra outras quimeras semelhantes nossa *Crítica* propriamente contém antes o antídoto). Pois este por mim assim chamado idealismo não dizia respeito à existência das coisas (duvidar da qual, entretanto, constitui propriamente o idealismo no sentido tradicional), pois nunca me passou pela cabeça duvidar dela, mas apenas à representação sensível das coisas. [...] Mas a palavra 'transcendental', que para mim nunca significa uma relação de nosso conhecimento a coisas, mas apenas à *faculdade do conhecimento*, deveria evitar este mal-entendido. Antes que ela o continue ocasionando no futuro, entretanto, prefiro retirar essa designação e chamá-lo de [idealismo] crítico" (Prol, AA 4:293). Melhor teria sido talvez simplesmente abandonar a caracterização de sua filosofia crítica como idealismo, seja ele chamado de crítico ou de transcendental. As associações que vêm com a expressão "idealismo" são muito carregadas do ponto de vista filosófico, sendo difícil sustentar distinções nesta esfera, como bem mostra o desenvolvimento dos *Prolegômenos*. Esta obra pode ser lida em seu conjunto como uma tentativa de defender a filosofia transcendental crítica, proposta na *Crítica da razão pura*, da acusação de idealismo que lhe fora feita na resenha da *Göttingische Gelehrte Anzeigen*; não querendo abandonar a caracterização de seu próprio projeto como uma espécie de idealismo, Kant procura mostrar em relação às diversas etapas de sua exposição como se deve entender o que propõe, para não incorrer no mal-entendido de que se trata de um idealismo à maneira de Descartes ou de Berkeley. Esta linha de arguição, que precisa retomar sempre de novo o mesmo ponto, a saber, que se trata de um idealismo de tipo novo ou diferente, torna o texto de 1783 um tanto repetitivo; mas mostra também que Kant se viu atingido por aquela acusação específica feita na resenha da revista de Göttingen. Considerando o panorama histórico, pode até ser especulado se o destino da filosofia transcendental não poderia ter sido outro, caso Kant tivesse reconhecido que a expressão "idealismo" é imprópria para designar o que estava propondo: Não teria dado assim um outro rumo ao que viria a ser o idealismo pós-kantiano ou o idealismo alemão em sentido estrito?

Estrategicamente, os *Prolegômenos* cumprem em relação à *Crítica da razão pura* uma função análoga à que os *Ensaios* de Hume cumprem em relação a seu *Tratado sobre a natureza humana*, ou seja, visam popularizar uma filosofia inicialmente acolhida com reserva pelo público. Neste intuito, Kant empreende uma apresentação resumida das teses centrais de sua obra capital, enquadrando-as num esquema mais acessível ao leitor familiarizado com a matemática, a ciência natural e a metafísica da época. Se a *Crítica da razão pura* pode ser lida toda ela como um grande tratado de metafísica, com resultados tanto positivos (analítica transcendental) quanto negativos (dialética transcendental), os *Prolegômenos* deslocam o núcleo central da analítica transcendental para o preâmbulo destinado a investigar, com base em dois campos seguros da ciência, a saber, a matemática (geometria euclidiana) e a ciência natural (mecânica newtoniana), a questão central sobre o que torna possíveis essas disciplinas como ciência[5]. Depois de centralizar seu problema em torno da questão mais técnica da possibilidade de juízos sintéticos *a priori*[6] e de enquadrar a questão da possibilidade da metafísica tanto em geral quanto como ciência (parágrafos 1 a 5), Kant expõe preliminarmente o essencial de sua concepção da matemática (parágrafos 6 a 13) e da ciência natural (parágrafos 14 a 39), tendo em vista a obtenção de um critério que permita avaliar uma disciplina (no caso, a metafísica) no concernente à sua cientificidade.

A questão da possibilidade da metafísica é investigada em dois passos, em que se procura responder primeiro como é possível a metafísica em geral, quer dizer, como disposição natural da razão humana, sendo fornecido um resumo da doutrina kantiana da origem das ideias transcendentais na própria razão pura (parágrafos 40 a 56). Empenhada em alcançar a unidade sistemática dos conhecimentos, a razão pura chega à ideia do sujeito completo (substancial), para os pensamentos em geral, à ideia da série completa das condições, para os fenômenos dados na experiência, e à ideia de um conjunto completo do possível, para a determinação de todos os conceitos em geral; seguindo sua própria natureza, portanto, a razão pura chega às ideias fundamentais da metafísica especial da tradição escolástica, a saber, às ideias de alma, mundo e Deus. Apresentar a origem destas

---

5. O efeito deste deslocamento é situar o essencial da filosofia transcendental kantiana nas imediações da ciência moderna, então em pleno desenvolvimento. A versão resumida desta filosofia nos *Prolegômenos* enevera por um caminho que foi primeiro identificado por Salomon Maimon, ainda no fim do século XVIII, depois trilhado confiantemente pelos neokantianos da Escola de Marburg, de larga influência no fim do século XIX e início do século XX, e que acaba finalmente na filosofia da ciência contemporânea. Na versão da própria *Crítica da razão pura*, apesar de se encontrar no horizonte da reflexão kantiana o avassalador fenômeno da ciência moderna, este constitui apenas um aspecto de sua Analítica do Entendimento, que nas próprias palavras de Kant tem o propósito de substituir a parte geral da metafísica ou Metafísica Geral, a qual recebia, nos manuais de metafísica da época, o nome de Ontologia. O escopo da *Crítica* é, portanto, bem mais amplo do que o sugerido nos *Prolegômenos*.

6. A partir da segunda edição da *Crítica da razão pura*, Kant usará como bordão a questão "Como são possíveis juízos sintéticos *a priori*?" Nos *Prolegômenos*, a formulação ainda concorre com duas outras: Como são possíveis proposições sintéticas *a priori*? E: Como são possíveis conhecimentos sintéticos *a priori*?

ideias na própria razão não significa, entretanto, fundamentar as pretensões ao conhecimento que a metafísica nutria tradicionalmente. Indo além de toda experiência possível, a metafísica desenvolveu uma série de argumentos para tentar fundamentar suas pretensões; argumentos que Kant expõe em sua estrutura essencialmente dialética ou ilusória. A metafísica como disposição natural acaba, portanto, no campo de disputas infindáveis em que não se logra estabelecer nada objetivamente.

Antes de avançar para o segundo passo, Kant faz uma decisiva apresentação de sua doutrina dos limites da razão pura (parágrafos 57 a 60), segundo a qual a determinação dos limites da razão pura leva à interdição das pretensões cognitivas da metafísica tradicional acerca da natureza última das coisas, na qual sempre se pleiteava um conhecimento das coisas em si mesmas para lá de toda experiência possível. A par deste resultado negativo para a metafísica como praticada até então, Kant alerta, entretanto, para o risco de que sua doutrina dos limites da razão pura poderia ser entendida também de maneira dogmática, tomando esses limites por limites da possibilidade das próprias coisas, ou seja, de tudo o que pode em geral ser pensado; com esse alerta, Kant previne uma eventual confusão de sua doutrina com o que mais tarde viria a ser o positivismo epistemológico.

Ainda relacionado ao tema da determinação dos limites da razão, Kant explicita sua compreensão metodológica do emprego da analogia para poder representar certos objetos problemáticos do pensamento metafísico por meio daquilo que ele caracteriza como pensar "em cima do *limite* de todo uso permitido da razão" (Prol, AA 4:356). Na *Crítica da razão pura*, o raciocínio analógico tinha sido introduzido timidamente para legitimar um certo uso regulador, problemático ou heurístico das ideias da razão pura. Nos *Prolegômenos*, agora respondendo ao ataque feito por Hume a este tipo de raciocínio, Kant explica o seu modelo de procedimento analógico, que é fundamental no tratamento de uma série de temas filosóficos importantes, como história, vida, religião, arte etc.

O passo final na investigação da questão da possibilidade da metafísica deveria então trazer uma resposta à provocativa questão geral dos *Prolegômenos* sobre a possibilidade da metafísica como ciência, mas se limita a traçar algumas linhas programáticas, deixando a impressão de que falta alguma coisa para o acabamento do sistema da filosofia crítica (aliás, a própria divisão em parágrafos é interrompida, sendo o item correspondente introduzido na continuidade do parágrafo 60, ao qual ele certamente não pertence). Impressão semelhante será deixada também no prefácio da *Crítica da faculdade do juízo* (1790), em que Kant anuncia uma metafísica pós-crítica nos seguintes termos: "Com isto, portanto, encerro todo o meu trabalho crítico. Avançarei incontinente para o doutrinal. [...] É evidente que nele não há uma parte específica para a faculdade do juízo, mas que em vista dela a crítica serve no lugar da teoria; mas que, de acordo com a divisão da filosofia em teórica e prática [...], a metafísica da natureza e a dos costumes constituirão aquele trabalho" (KU, B X). Tal anúncio apenas deixa mais dúvidas sobre o conceito kantiano de metafísica. Pois, com relação à metafísica da natureza, ele já havia publicado em 1786 seus *Princípios metafísicos da ciência natural*; estaria ele agora pensando em uma nova obra de metafísica da natureza, talvez aquilo que se encontra no assim chamado *Opus postumum*? No que diz respeito à metafísica dos costumes, Kant efetivamente publicou com este título uma obra em 1797, abrangendo sua doutrina do direito e da virtude. No conjunto da filosofia crítica, esses textos ocupam antes um lugar marginal. Além disso, não fica claro qual seria sua relação com a metafísica futura anunciada pomposamente como ciência nos *Prolegômenos*: Trata-se da mesma coisa ou são coisas diferentes?[7]

---

7. Resumidamente, é possível delimitar na filosofia crítica kantiana três conceitos de metafísica que parecem rivalizar entre si: primeiro, temos o da *Crítica da razão pura*, a qual, como tratado de metafísica que efetivamente é, empreende uma verdadeira destruição da metafísica tradicional, deixando em seu lugar uma filosofia transcendental que, a gosto do leitor, ainda poderia ser chamada de metafísica negativa (uma espécie de terapêutica da metafísica como disposição natural da razão); depois, encontra-se aqui e ali o projeto de uma metafísica da natureza e dos costumes, com seu *a priori* aplicado a algo *não puro* (matéria ou vontade impura, respectivamente); finalmente, o projeto de uma metafísica futura, anun-

Não é de estranhar, assim, que autores como Reinhold, Beck, Fichte e outros tenham sentido a necessidade de ir além do texto kantiano para responder a questões fundamentais que, em sua leitura, Kant teria deixado sem resposta. Tardiamente, em agosto de 1799, pela *Allgemeine Literatur-Zeitung* de Jena, Kant responderá aos desenvolvimentos trazidos por esses autores com uma declaração que parece querer corrigir seus anúncios anteriores sobre o futuro de uma metafísica ainda por vir: "Tenho de observar aqui ainda que a presunção de me atribuir a intenção de apresentar tão somente uma *propedêutica* à filosofia transcendental, não o *sistema* desta filosofia, é-me incompreensível. Tal intenção não me poderia ter ocorrido jamais, uma vez que eu mesmo considerei o todo completo da filosofia pura na *Crítica da razão pura* como a melhor nota característica de sua verdade. [...] a filosofia crítica, por sua irresistível tendência à satisfação da razão tanto na perspectiva teórica quanto na prática, deve estar convencida de que ela não encontrará pela frente uma mudança das opiniões nem melhorias nem uma doutrina construída de outra forma, mas que o sistema da crítica, repousando sobre uma base inteiramente segura, está firme para sempre" (Br, AA 12:370-1).

Kant parece ter esquecido que nos *Prolegômenos* havia convocado seus leitores para um estudo aprofundado dos princípios de filosofia transcendental propostos na *Crítica da razão pura*, expressando inclusive, no penúltimo parágrafo daquela obra, sua confiança no resultado positivo de tal investigação, qual seja, a constituição futura de uma doutrina metafísica com base na filosofia transcendental crítica, *ainda que não fosse a dele*: "Desde que o assunto seja investigado em profundidade, já não pode falhar agora que assim se constitua uma doutrina, mesmo que não a minha, que pode vir a ser um legado à posteridade" (Prol, AA 4:382).

---

ciada muito difusamente nos *Prolegômenos*, como visto. A única coisa que parece ser possível estabelecer nesta base é que se recomenda muita cautela ao se falar de metafísica em Kant.

Aliás, todo o longo apêndice no final dos *Prolegômenos*, em que Kant propõe o que pode ser feito para levar a metafísica ao seleto clube das doutrinas efetivamente científicas, tem algo de bravata, expressando uma surpreendente confiança no caráter acabado e conclusivo dos resultados da *Crítica da razão pura*, que até então aparentemente ninguém tinha compreendido, acusando a torto e a direito os potenciais leitores por não terem se empenhado mais no seu estudo e assegurando também que, se os estudiosos da filosofia se empenharem suficientemente na investigação dos princípios propostos na *Crítica*, a metafísica finalmente conhecerá o dia em que se apresentará como ciência, tal qual a matemática e a ciência natural (física). A beligerância com que Kant, feito um campeão da metafísica crítica, desafia seu adversário a um duelo em torno de algum tópico proposto concretamente na *Crítica* só reforça o caráter patético dessas páginas finais; bem se vê que o resenhista de Göttingen tinha deixado Kant furioso.

[PREFÁCIO]

/ Estes prolegômenos não são para uso de aprendizes, mas 4:255 para futuros professores, não devendo tampouco servir a estes para ordenar a exposição de uma ciência já existente, mas para primeiro inventar essa ciência mesma.

Há eruditos para os quais a história da filosofia (tanto dos antigos quanto dos modernos) é sua própria filosofia; os presentes prolegômenos não foram escritos para esses. Eles têm de esperar até que aqueles que se esforçam para haurir das fontes da própria razão tenham decidido seu assunto, quando então será a vez deles de noticiar ao mundo o ocorrido. Caso contrário, não pode ser dito nada que, segundo sua opinião, já não tenha sido dito, podendo isto também valer de fato como uma previsão inequívoca para tudo o que está por vir; pois, como o entendimento humano ao longo de muitos séculos fantasiou de diversas maneiras sobre inúmeros objetos, não pode ser difícil que se encontre para cada novo algo velho que tenha alguma semelhança com ele.

Minha intenção é convencer todos aqueles que acham valer a pena se ocupar de metafísica de que é absolutamente necessário suspender imediatamente seu trabalho, considerar todo o ocorrido até aqui como se não tivesse ocorrido e lançar antes de qualquer coisa a questão se afinal é simplesmente possível em geral algo assim como metafísica.

Se ela é ciência, por que ela não consegue aprovação universal e duradoura como outras ciências? Se ela não é, como pode ser que ela ainda assim se vanglorie ininterruptamente sob a aparência de uma ciência e entretenha o entendimento humano com / esperanças que jamais se apagam, mas tampouco 4:256 se cumprem? Que se demonstre então ou seu saber ou seu não saber, decerto tem de ser encontrado alguma vez algo seguro sobre a natureza dessa pretensa ciência; pois é impossível que ela continue por mais tempo do jeito que se encontra. Parece quase ridículo que, enquanto cada outra ciência avança incessantemente, essa que afinal quer ser a própria sabedoria, cujo oráculo é consultado por cada homem, volteia constantemente no mesmo lugar, sem avançar um único passo. Ademais, seus sequazes se perderam bastante, e não se vê que aqueles que se sentem suficientemente fortes para brilhar em outras ciências queiram arriscar sua fama nessa, na qual todo mundo que de resto é ignorante em todas as demais coisas se arroga um juízo decisivo, porque neste terreno de fato não se encontra ainda nenhuma medida segura para distinguir profundidade de tagarelice superficial.

Mas não é algo tão inaudito que, após longo exercício de uma ciência, quando se admira até onde já se chegou nela, finalmente alguém se coloca a questão se e como tal ciência é possível em geral. Pois a razão humana gosta tanto de construir, que já erigiu mais vezes a torre, mas depois voltou a derrubá-la para ver como seu fundamento podia estar constituído. Nunca é tarde demais para se tornar racional e sábio; mas sempre é mais difícil colocar em movimento a compreensão quando ela chega tarde.

Perguntar se uma ciência afinal também é possível pressupõe que se duvide de sua efetividade. Uma dúvida assim, entretanto, ofende a qualquer um cuja fortuna inteira possa consistir nessa presumida joia; e, por isso, aquele que se permite avançar esta dúvida sempre deve estar preparado para a resistência de todos os lados. Alguns o olharão com desprezo, orgulhosos de sua velha e por isso mesmo tida por legítima posse, com seus compêndios metafísicos na mão; outros, que não veem em parte alguma nada senão aquilo que é idêntico ao que já viram antes em algum lugar, não o entenderão, permanecendo tudo por algum tempo como se nada tivesse acontecido que deixasse temer ou esperar uma mudança próxima.

4:257   Mesmo assim ouso prever que o leitor independente destes prolegômenos não só duvidará de sua ciência pregressa, / mas na sequência se convencerá inteiramente de que algo assim sequer pode existir sem que sejam atendidas as exigências aqui expressas, nas quais se baseia sua possibilidade, e, uma vez que isto nunca aconteceu, que em geral ainda não existe metafísica. Como entretanto a busca por ela também não pode cessar jamais*, porque o interesse da razão humana universal está decerto demasiadamente envolvido nela, assim ele admitirá que uma reforma completa, ou antes um novo nascimento dela segundo um plano até aqui totalmente desconhecido, está para acontecer inevitavelmente, por mais que se queira resistir a isto.

Desde os ensaios de *Locke* e de *Leibniz*, ou melhor, desde o surgimento da metafísica, até onde alcança sua história, não teve nenhum acontecimento que pudesse ter sido mais decisivo em vista do destino dessa ciência do que o ataque que *David Hume* fez a ela. Ele não trouxe nenhuma luz a esta espécie de conhecimento, mas mesmo assim produziu uma fagulha em que se poderia decerto ter acendido uma luz, caso tivesse encontrado uma mecha receptiva cuja chama fosse cuidadosamente alimentada e aumentada.

Hume partiu sobretudo de um único mas importante conceito da metafísica, a saber, o da *conexão de causa e efeito* (portanto também de seus conceitos consecutivos de força e ação etc.) e desafiou a razão, que alega tê-lo gestado em seu seio, a lhe responder com que direito ela pensa que algo é constituído de tal maneira que, quando é posto, com isto também tem de ser posto necessariamente algo diferente, pois é isto que diz o conceito da causa. Ele demonstrou incontestavelmente que é de todo impossível à razão pensar tal ligação *a priori* e a partir de conceitos, pois essa contém necessidade; mas não é possível conceber como, por algo ser, também teria de ser necessariamente algo diferente e como, portanto, o conceito de tal conexão se deixaria introduzir *a priori*. Disso ele concluiu que a razão se ilude completamente com esse conceito, que ela o toma erroneamente por

---

* *Rusticus exspectat, dum defluant amnis; at ille / Labitur et labetur in omne volubilis aevum* [O camponês espera a correnteza passar, / Mas esta oscila e remexe volúvel por toda eternidade] (Horácio).

4:258 seu próprio filho, quando ele é apenas um bastardo / da imaginação que, emprenhada pela experiência, submeteu determinadas representações à lei da associação e substitui uma necessidade subjetiva daí oriunda, isto é, hábito, por uma [necessidade] objetiva [oriunda] de compreensão. Disso ele concluiu que a razão não tem nenhuma faculdade de pensar tais conexões, mesmo que apenas no geral, porque então seus conceitos seriam meras ficções; e todo o seu conhecimento pretensamente válido *a priori* nada mais seria do que experiências comuns rubricadas erroneamente, o que quer dizer tanto quanto: não existe em geral metafísica e tampouco pode existir*.

Por mais apressada e incorreta que tenha sido sua conclusão, ela foi ao menos fundada em investigação; e esta investigação certamente teria merecido que as boas cabeças de seu tempo se tivessem unido para resolver possivelmente de maneira mais feliz o problema no sentido em que ele o expôs, do que então logo teria de ter surgido uma completa reforma da ciência.

Mas o destino desde sempre desfavorável da metafísica quis que ele não fosse entendido por ninguém. Não se pode assistir sem uma certa pena como seus adversários *Reid*, *Oswald*, *Beattie* e finalmente ainda *Priestley* erraram completamente seu problema e, ao sempre presumir como admitido justamente aquilo de que ele duvidava, enquanto demonstravam com veemência e seguidamente com grande imodéstia aquilo que nunca lhe ocorreu pôr em dúvida, ignoraram seu aceno à melhoria de maneira tal que tudo ficou no velho estado, como se nada tivesse acontecido. A questão não era se o conceito de causa é correto,

---

* Não obstante, *Hume* chamava justamente esta filosofia destrutiva mesma de metafísica, atribuindo-lhe um algo valor. "Metafísica e moral", diz ele (*Ensaios*, quarta parte, p. 214, tradução alemã), "são os ramos mais importantes da ciência; matemática e ciência natural não valem nem a metade". O perspicaz homem mirava aqui, entretanto, apenas a utilidade negativa que a moderação das pretensões exageradas da razão especulativa haveria de ter, para suprimir totalmente tantas disputas sem fim e persecutórias, que confundem o gênero humano; mas nisto ele perdeu de vista o prejuízo positivo que surge quando se priva a razão das perspectivas mais importantes, somente de acordo com as quais ela pode traçar para a vontade o objetivo supremo de todos os seus esforços.

útil e indispensável em vista de todo o conhecimento da natureza, pois isto *Hume* nunca pôs em dúvida, mas se ele é pensado *a priori* pela razão, / possuindo desta maneira uma verdade interna independente de toda experiência e assim também uma utilidade mais extensa, não limitada meramente a objetos da experiência: sobre isto *Hume* esperava manifestação. Tratava-se apenas da origem desse conceito, não de sua indispensabilidade no uso: caso aquela fosse encontrada, teriam sido dadas sem mais as condições de seu uso e a extensão em que ele pode ser válido. 4:259

Para corresponder ao problema, entretanto, os oponentes do famoso homem teriam de ter penetrado profundamente na natureza da razão na medida em que ela se ocupa apenas do pensamento puro, o que lhes era inoportuno. Eles inventaram por isso um meio mais cômodo para teimar sem qualquer compreensão, a saber, o apelo ao *entendimento humano comum*. De fato, é um grande dom dos céus possuir um entendimento humano direito (ou simples, como chamado recentemente). Mas é preciso demonstrá-lo por atos, pelo refletido e racional do que se pensa e fala, e não apelando a ele como um oráculo quando não se sabe avançar nada de inteligente em sua defesa. Apelar ao entendimento humano comum tão somente quando compreensão e ciência acabam é uma das invenções sutis dos novos tempos, com a qual o tagarela mais superficial pode confiantemente encarar a cabeça mais profunda e se sustentar perante ela. Enquanto há um resto de compreensão, contudo, é melhor evitar lançar mão desse auxílio emergencial. E visto às claras esse apelo nada mais é do que um apelo ao juízo da multidão; um aplauso que enrubesce o filósofo, mas que deixa o pretensioso triunfante e arrogante. Mas estou certo de que *Hume* sem dúvida podia reivindicar um entendimento sadio tanto quanto *Beattie*, e além disso ainda aquilo que este certamente não possuía, a saber, uma razão crítica, que mantém o entendimento comum em limites para que não se perca em especulações ou, em se tratando só destas, não deseje decidir algo, porque não sabe justificar-se acerca de seus princípios; pois só assim ele continuará sendo um entendimento sadio. Formão e martelo podem muito bem servir para trabalhar um pedaço de madeira, mas para a gravação em metal tem de ser usado o buril.

4:260 Assim, tanto o entendimento sadio quanto o especulativo são / úteis, mas cada um à sua maneira: aquele quando se trata de juízos que encontram na experiência sua aplicação imediata, e esse onde se deve julgar no geral a partir de simples conceitos, por exemplo, na metafísica, onde o autodenominado, frequentemente por antífrase, entendimento sadio não possui absolutamente nenhum juízo.

Admito abertamente: foi justamente a exortação de *David Hume* o que primeiro me interrompeu há muitos anos o sono dogmático, dando a minhas investigações no campo da filosofia especulativa uma direção completamente diferente. Eu estava longe de lhe dar ouvido no tocante a suas conclusões, que provinham meramente do fato de ele não representar seu problema na totalidade, mas atacar apenas uma parte dele, a qual não pode dar explicações sem que se leve em consideração o todo. Quando se começa com um pensamento fundamentado, ainda que não executado, que um outro nos legou, pode-se decerto esperar ir mais longe com pensamento continuado do que chegou o perspicaz homem, ao qual se deve a primeira centelha desta luz.

Eu experimentei então se a objeção de *Hume* não se deixa representar de maneira geral, e logo encontrei que o conceito da conexão de causa e efeito nem de longe é o único pelo qual o entendimento pensa *a priori* conexões das coisas; pelo contrário, que toda a metafísica consiste nisto de fora a fora. Procurei me assegurar de seu número, e como isto me saiu a contento, a saber, a partir de um único princípio, passei para a dedução desses conceitos, em relação aos quais eu estava agora seguro de que eles não são derivados da experiência, como *Hume* tinha temido, mas oriundos do entendimento puro. Essa dedução, que pareceu impossível a meu perspicaz precursor e que afora ele nem sequer ocorreu a alguém, mesmo que todos se valessem confiantemente dos conceitos, sem perguntar no que se baseia afinal sua validade objetiva, essa dedução, digo, foi o mais difícil que já se pôde empreender em prol da metafísica; e, o que é pior, nisso a metafísica, ou o quanto dela é dado onde quer que seja, não me pôde fornecer o menor auxílio, porque aquela dedução deve primeiro determinar a possibilidade de uma metafísica. Dado então que fui bem-sucedido na solução do problema de Hume, não somente num caso particular, mas em vista de toda a faculdade da razão pura, / pude dar passos seguros, ainda que sempre vagarosos, para finalmente determinar completamente e segundo princípios universais toda a extensão da razão pura tanto em seus limites quanto em seu conteúdo, o que era então aquilo que a metafísica precisa para executar seu sistema de acordo com um plano seguro. 4:261

Mas eu temo que possa acontecer com a *execução* do problema de Hume em sua ampliação máxima possível (quer dizer, com a *Crítica da razão pura*) o mesmo que aconteceu com o próprio *problema* ao ser apresentado por primeiro. Hão de julgá-la erroneamente, porque não a entenderão; não a entenderão, porque decerto se folheia o livro, mas não se tem gosto de pensá-lo; e não se há de querer aplicar a ela esse esforço, porque a obra é árida, porque é obscura, porque contradiz todos os conceitos costumeiros e é ademais prolixa. Mas confesso que me surpreende ouvir de um filósofo queixas por causa de falta de popularidade, entretenimento e comodidade, quando se trata da existência de um conhecimento louvado e indispensável à humanidade, que não pode ser estabelecido a não ser de acordo com as mais rigorosas regras de uma exatidão escolástica, à qual pode decerto com o tempo seguir-se popularidade, mas nunca constituir o começo. Mas, no que diz respeito a uma certa obscuridade, que provém em parte da amplidão do plano, em que não se pode descurar dos pontos principais de que se trata na investigação, a queixa é então legítima, e a ela responderei pelos presentes *Prolegômenos*.

Aquela obra, que apresenta a faculdade da razão pura em toda a sua extensão e limites, permanece sempre o fundamento a que os prolegômenos se relacionam apenas como exercícios preliminares; pois aquela crítica enquanto ciência tem de se apresentar de maneira sistemática e completa até em seus mínimos detalhes, antes que se possa pensar em deixar estrear a metafísica ou até mesmo nutrir uma remota esperança em relação a ela.

Há muito tempo estamos acostumados a ver velhos e desgastados conhecimentos disfarçados como novos, sendo retirados de seu contexto precedente e vestidos com uma roupagem sistemática de corte arbitrário, mas com novos títulos; e de antemão a maior parte dos leitores não esperará outra coisa também daquela crítica. Mas estes prolegômenos o levarão a 4:262 compreender / que se trata de uma ciência inteiramente nova, da qual ninguém antes teve sequer o pensamento, da qual era desconhecida até mesmo a simples ideia e para a qual não pôde ser aproveitado nada do que foi dado até agora, a não ser o aceno que as dúvidas de *Hume* podiam dar, o qual igualmente nada previu de tal ciência formal possível, mas, para pô-lo em segurança, encalhou seu navio na praia (o ceticismo), onde pode então ficar e apodrecer, enquanto comigo se trata de lhe dar um piloto que possa conduzir o navio em segurança para onde achar melhor, de acordo com princípios seguros da náutica extraídos do conhecimento do globo, e munido de um mapa marítimo completo e um compasso.

Aproximar-se de uma nova ciência, totalmente isolada e a única em sua espécie, com o preconceito de que se possa julgá-la mediante seus pretensos conhecimentos já adquiridos antes, embora sejam justamente estes de cuja realidade antes se tem de duvidar completamente, isto não propicia senão que se acredite ver por toda parte aquilo que já era conhecido antes, porque talvez as expressões lhe sejam semelhantes; só que tudo tem de parecer extremamente distorcido, absurdo e confuso, porque se pressupõe nisso, não a linguagem do autor, mas sempre apenas seu próprio modo de pensar, tornado natureza por um longo hábito. Mas a vastidão da obra, na medida em que se fundamenta na própria ciência e não na exposição, a aridez inevitável nisto e a exatidão escolástica são propriedades que decerto podem ser bastante vantajosas para a própria matéria, mas para o livro mesmo sem dúvida têm de se tornar desvantajosas.

Certamente não é dado a qualquer um escrever de forma tão sutil e ao mesmo tempo tão atraente quanto *David Hume*, ou de forma tão profunda e ainda assim tão elegante quanto *Moses Mendelssohn*; mas eu poderia decerto ter conferido popularidade à minha exposição (como me lisonjeio) se meu propósito tivesse sido apenas fazer um plano e recomendar sua execução a outros, e não me fosse caro o bem da ciência que me manteve ocupado por tanto tempo; pois ademais coube nisto muita persistência e mesmo também não pouca abnegação para pospor o atrativo de uma recepção rápida e favorável à perspectiva de uma aprovação decerto tardia, mas duradoura.

Fazer planos é frequentemente uma atividade espiritual profusa e presunçosa pela qual se confere a si mesmo um aspecto de gênio criativo, / exigindo o que não se pode realizar, 4:263 criticando o que não se consegue fazer melhor e propondo algo que não se sabe onde encontrar; se bem que até mesmo a um plano apto de uma crítica geral da razão já teria pertencido mais do que se possa presumir caso não devesse apenas se tornar uma declaração de pios desejos, como de costume. Mas a razão pura é uma esfera tão separada, em si mesma tão conexa de fora a fora, que não se pode tocar nenhuma parte dela sem tocar todas as demais e não se pode executar nada sem antes ter determinado em relação a cada uma seu lugar e sua influência sobre a outra; porque, como não se encontra nada fora dela que pudesse corrigir nosso juízo internamente, a validade e o uso de cada parte depende da relação em que ela se encontra com as demais na própria razão, e tal como na estrutura de um corpo organizado o fim de cada membro só pode ser derivado do conceito completo do todo. Por isso se pode dizer de tal crítica que ela nunca é confiável se não é *total* e *completa* até nos mínimos elementos da razão pura, e que se tem de determinar e estabelecer em relação à esfera dessa faculdade ou *tudo* ou *nada*.

Mas mesmo que um mero plano a preceder a *crítica* da razão pura seja ininteligível, incerto e inútil, ele é, em contrapartida, tanto mais útil quando se segue a ela. Pois através dele se é colocado em posição de abranger o todo, de examinar parte por parte os pontos principais que importam nessa ciência e arranjar muita coisa, no que diz respeito à exposição, melhor do que pôde ocorrer na primeira execução da obra.

Eis aqui então um tal *plano* após a obra completada, que agora pode ser disposto segundo um *método analítico*, enquanto a própria *obra* teve de ser composta de fora a fora segundo um *método sintético*, para que a ciência apresentasse em seu nexo natural todas as suas articulações como a estrutura de uma faculdade cognoscitiva bem particular. Quem continua achando obscuro este plano que eu anteponho como prolegômenos a toda metafísica futura, este deve ponderar que não é exatamente necessário que qualquer um estude metafísica, que há muito talento que avança muito bem em ciências exatas e mesmo profundas mais próximas da intuição, mas que não se sai bem com investigações por conceitos puramente abstratos, / e que em tal caso se tem de aplicar seus dons espirituais a um outro objeto; mas que aquele que resolve julgar metafísica, ou mesmo compor uma, tem de satisfazer inteiramente as exigências feitas aqui, seja admitindo minha solução, seja também refutando-a e colocando uma outra em seu lugar – pois ele não a pode recusar –, tendo finalmente a tão deplorada obscuridade (um usual encobrimento de seu próprio comodismo e miopia) também sua utilidade: uma vez que todos que observam um silêncio precavido em vista de todas as outras ciências falam magistralmente e decidem atrevidamente em questões da metafísica, porque aqui sem dúvida sua ignorância não contrasta claramente com a ciência de outros, como contrastaria provavelmente com autênticos princípios críticos, dos quais se pode dizer então em louvação:

> *ignavum, fucos, pecus a praesepibus arcent.* Virgílio.
> [*Geórgicas*: "[as abelhas operárias] enxotam da colmeia o rebanho preguiçoso de zangões"]

/   4:265

——— PROLEGÔMENOS ———

PRÓLOGO SOBRE O PRÓPRIO DE TODO CONHECIMENTO METAFÍSICO

§ 1. *Das fontes da metafísica*

Quando se quer apresentar um conhecimento como *ciência*, deve-se antes poder determinar precisamente o distintivo, aquilo que ela não tem em comum com nenhuma outra e que, portanto, é-lhe *próprio*; em caso contrário, os limites de todas as ciências se confundem e nenhuma delas pode ser tratada sistematicamente de acordo com sua natureza.

Que esse próprio consista então na distinção do *objeto* ou das *fontes do conhecimento* ou ainda do *modo do conhecimento* ou de alguns senão de todos eles reunidos, a ideia da possível ciência e de seu território se baseia nele.

Em primeiro lugar, no que diz respeito às *fontes* de um conhecimento metafísico, já se encontra em seu conceito que ele não pode ser empírico. Seus princípios (a que pertencem não só suas proposições fundamentais, mas também seus conceitos fundamentais) não podem, portanto, jamais ser tirados da experiência: pois ele não deve ser um conhecimento físico, mas metafísico, isto é, que se encontra além da experiência. Portanto, nem experiência exterior, que constitui a fonte da física propriamente dita, nem experiência interior, que constitui a base da psicologia empírica, constituirão seu fundamento. / Ele é, portanto, conhe-   4:266 cimento *a priori* ou do entendimento puro e da razão pura.

Mas nisto ele não teria nada de distinto da matemática pura; portanto ele terá de se chamar *conhecimento filosófico puro*, e para o significado desta expressão remeto à *Crítica da razão pura*, página 712 e seguintes, onde a distinção destes dois modos de emprego da razão foi apresentada clara e suficientemente. – Tanto sobre as fontes do conhecimento metafísico.

§ 2. *Do único modo de conhecimento que se pode chamar metafísico*

a) Da distinção de juízos sintéticos e analíticos em geral

Conhecimento metafísico tem de conter somente juízos *a priori*, isto exige o próprio de suas fontes. Seja qual for a origem dos juízos, ou seja qual for sua constituição segundo a forma lógica, sempre há uma distinção deles segundo o conteúdo, em virtude do qual eles são ou meramente *explicativos*, não contribuindo nada com o conteúdo do conhecimento, ou *ampliadores*, aumentando o conhecimento; os primeiros podem ser chamados juízos *analíticos*, os segundos *sintéticos*.

Juízos analíticos enunciam no predicado nada senão o que já está efetivamente contido no conceito do sujeito, mesmo que não tenha sido pensado tão claramente e com a mesma consciência. Se digo "todos os corpos são extensos", não ampliei minimamente meu conceito do corpo, mas apenas o analisei, uma vez que a extensão já era pensada efetivamente daquele conceito mesmo antes do juízo, ainda que não expressamente enunciado; o juízo é, portanto, analítico. Em contrapartida, a proposição "alguns corpos são pesados" contém no predicado algo que não é pensado efetivamente no conceito universal do corpo; ela amplia, portanto, meu conhecimento / ao acrescentar algo a meu conceito, e tem de ser chamado, por isso, um juízo sintético.

b) O princípio comum de todos os juízos analíticos é o princípio da contradição

Todos os juízos analíticos se baseiam inteiramente no princípio da contradição e são por sua natureza conhecimentos *a priori*, podendo os conceitos que lhes servem de matéria ser empíricos ou não. Pois, uma vez que o predicado de um juízo analítico afirmativo já é pensado antecipadamente no conceito do sujeito, aquele não pode ser negado deste sem contradição; da mesma maneira, no juízo analítico negativo, seu oposto é necessariamente negado do sujeito, e isto também segundo o princípio da contradição. Este é o caso das proposições "todo corpo é extenso" e "nenhum corpo é inextenso (simples)".

Justo por isto todas as proposições analíticas também são juízos *a priori*, mesmo que seus conceitos sejam empíricos, por exemplo, "ouro é um metal amarelo"; pois para conhecer isto não preciso de nenhuma experiência ulterior além do meu conceito do ouro que contenha que este corpo é amarelo e metal, uma vez que isto justamente constituiria meu conceito, e eu não precisaria fazer nada além de analisá-lo, sem procurar em outra parte fora dele.

c) Juízos sintéticos precisam de um princípio diferente do princípio da contradição

Há juízos sintéticos *a posteriori*, cuja origem é empírica; mas há também deles que são certos *a priori* e que se originam de entendimento e razão puros. Mas ambos coincidem em que jamais podem originar-se apenas segundo o princípio da análise, isto é, segundo o princípio da contradição; eles requerem ainda um princípio bem diferente, ainda que tenham sempre de ser derivados daquele princípio, seja ele qual for, *de acordo com o princípio da contradição*, pois nada pode ser contrário a este princípio, mesmo que nem tudo possa ser dele derivado. Quero antes dispor em classes os juízos sintéticos.

/ 1) *Juízos de experiência* são sempre sintéticos. Pois seria 4:268 absurdo basear um juízo analítico em experiência, dado que não preciso sair do meu conceito para formular meu juízo, não tendo assim necessidade de um testemunho da experiência. Que um corpo é extenso, isto é uma proposição estabelecida *a priori*, e não um juízo de experiência. Pois antes de ir à experiência já tenho todas as condições para o meu juízo no conceito, do qual posso apenas extrair o predicado de acordo com o princípio da contradição e assim me tornar consciente ao mesmo tempo da *necessidade* do juízo, a qual a experiência sequer me ensinaria.

2) *Juízos matemáticos* são ao todo sintéticos. Esta proposição parece ter escapado até agora inteiramente às observações dos analistas da razão humana, sim, até se opor diretamente a todas as suas suposições, embora seja incontestavelmente certa e muito importante na sequência. Pois, porque acharam que os argumen-

tos dos matemáticos avançam todos de acordo com o princípio da contradição (o que é exigido pela natureza de qualquer certeza apodíctica), persuadiram-se de que também as proposições fundamentais seriam conhecidas a partir do princípio da contradição, no que se enganaram bastante; pois uma proposição sintética certamente pode ser compreendida de acordo com o princípio da contradição, mas somente se uma outra proposição sintética é pressuposta, da qual ela pode ser inferida, e nunca em si mesma.

Antes tem de ser observado que proposições propriamente matemáticas são sempre juízos *a priori* e não empíricos, porque envolvem necessidade que não pode ser tirada da experiência. Caso não se queira conceder-me isto, pois bem, limito minha proposição à *matemática pura*, cujo conceito já implica que ela não contém conhecimentos empíricos, mas apenas conhecimentos puros *a priori*.

De saída, seria de pensar que a proposição "7 + 5 = 12" é uma proposição meramente analítica que se segue do conceito de uma soma de 7 e 5 segundo o princípio de contradição. Mas, considerando mais de perto, encontra-se que o conceito da soma de 7 e 5 não contém nada além da união de ambos os números em um único, com o que não é pensado de maneira alguma qual seja este número único que reúne ambos. O conceito de doze ainda não é pensado de todo quando penso meramente aquela união de sete e cinco; e, por mais que eu analise meu 4:269 conceito de tal soma possível, / não encontrarei nisto o doze. Deve-se ir além destes conceitos, recorrendo ao auxílio da intuição que corresponde a um dos dois, talvez seus cinco dedos ou cinco pontos (como *Segner* em sua aritmética), e assim pouco a pouco acrescentando as unidades do cinco dado na intuição ao conceito do sete. Portanto, ampliamos efetivamente nosso conceito por meio desta proposição "7 + 5 = 12", acrescentando ao primeiro conceito um novo, que não se encontrava de maneira alguma naquele, isto é, a proposição aritmética é sempre sintética, do que nos damos conta de maneira mais distinta quando tomamos números um tanto maiores; pois então fica claro que, por mais que manipulemos nosso conceito, nunca encontraremos a soma por meio da mera análise de nossos conceitos, sem recorrer à intuição.

Tampouco qualquer proposição fundamental da geometria pura é analítica. Que a linha reta entre dois pontos é a mais curta, isto é uma proposição sintética. Pois meu conceito do reto não contém nada de grandeza, mas apenas uma qualidade. O conceito do mais curto é inteiramente acrescentado, portanto, e não pode ser tirado do conceito da linha reta por nenhuma análise. Portanto tem de ser buscada a ajuda da intuição, somente por meio da qual a síntese é possível.

Algumas outras proposições fundamentais que os geômetras pressupõem são decerto analíticas e se baseiam no princípio da contradição, mas elas servem apenas, como proposições idênticas, para a cadeia do método, e não como princípios; por exemplo, "a = a", "o todo é igual a si mesmo", ou "(a + b) > a", isto é, o todo é maior do que sua parte. Mas mesmo estas, ainda que valham segundo simples conceitos, são admitidas na matemática porque podem ser apresentadas na intuição. O que nos faz acreditar aqui geralmente que o predicado de tais juízos apodícticos se encontra já em nosso conceito, sendo o juízo então analítico, é a ambiguidade da expressão. Pois *devemos* acrescentar um certo predicado a um conceito dado, e esta necessidade já se liga aos conceitos. Mas a questão não é o que *devemos acrescentar* ao conceito dado, mas o que *pensamos efetivamente nele*, embora apenas de maneira obscura; e aí se mostra que o predicado está ligado àquele conceito decerto necessariamente, mas não imediatamente, e sim por meio de uma intuição.

/ § 3. Observação sobre a divisão geral dos juízos em analíticos e sintéticos

4:270

Esta divisão é indispensável no concernente à crítica do entendimento humano, merecendo por isto ser nela *clássica*; afora isto, eu não sei se ela teria uma utilidade considerável em outra parte qualquer. E nisto encontro também a causa de por que filósofos dogmáticos, que sempre procuraram as fontes de juízos metafísicos apenas na própria metafísica, e não fora dela, nas leis da razão pura em geral, ignoraram esta divisão que parece apresentar-se por si, e como o famoso *Wolff* ou seu estreito seguidor, o sutil *Baumgarten*, puderam procurar no princípio da contradição a demonstração do princípio da razão suficiente, que é obviamente sintético. Em contrapartida, encontro já nos *Ensaios sobre o entendimento humano* de *Locke* um aceno para esta divisão. Pois no quarto livro, terceiro capítulo, § 9ss., depois de já ter falado anteriormente da diferente conexão das representações em juízos e suas fontes, colocando uma na identidade ou contradição (juízos analíticos), mas a outra na existência das representações num sujeito (juízos sintéticos), ele admite no § 10 que nosso conhecimento (*a priori*) dos últimos é muito pequeno ou quase nada. Mas no que ele diz desta espécie de conhecimento prevalece tão pouca coisa determinada e colocada sob regras, que não nos deve surpreender que ninguém, em particular nem mesmo *Hume*, tenha aproveitado a ocasião para fazer observações sobre proposições desta espécie. Pois semelhantes princípios gerais e ainda assim determinados não se aprende facilmente de outros, a quem eles ocorreram apenas obscuramente. É preciso que antes se tenha chegado a isso por pensamento próprio; depois se os encontra também em outros lugares, onde certamente não teriam sido encontrados antes, porque os próprios autores sequer sabiam que tal ideia se encontrava como fundamento de suas próprias observações. Aqueles que nunca pensam por si mesmos possuem ainda assim a agudeza de reconhecer tudo que lhes foi dito naquilo que já havia sido dito antes, onde ninguém o conseguia ver anteriormente.

4:271 / **Questão geral dos prolegômenos: é em geral possível metafísica?**

§ 4.

Se existisse metafísica que pudesse afirmar-se como ciência, se fosse possível dizer: aqui está a metafísica, esta só precisais aprender, e ela vos convencerá irresistível e inalteravelmente de sua verdade, então a questão seria desnecessária, restando apenas aquela concernente mais a uma prova de nossa perspicácia do que à demonstração da existência da própria coisa, a saber, *como ela é possível*, e como a razão começa a chegar lá. Mas neste caso a razão humana não teve tanta sorte. Não se pode mostrar um único livro, como se mostra porventura um *Euclides*, e dizer: isto é metafísica, aqui encontrais o nobre fim desta ciência, o conhecimento de um ser supremo e de um mundo futuro demonstrados a partir de princípios da razão. Pois decerto nos podem mostrar muitas proposições que são apodicticamente certas e nunca foram contestadas, mas elas são todas analíticas e dizem respeito mais aos materiais e instrumentos de construção para a metafísica do que à ampliação do conhecimento, que entretanto deve ser propriamente nossa intenção com ela (§ 2. l. c). Mesmo que aponteis também juízos sintéticos (por exemplo, o princípio da razão suficiente) que nunca demonstrastes a partir da simples razão, portanto *a priori*, como era vosso dever, mas que se vos concede de bom grado, mesmo assim incorreis, se quereis lançar mão deles para vosso propósito principal, em afirmações tão inaceitáveis e inseguras, que em todos os tempos uma metafísica contradisse a outra ou em vista das próprias afirmações ou de suas demonstrações, destruindo assim sua pretensão a assentimento duradouro. As tentativas de realizar tal ciência foram sem dúvida até mesmo a primeira causa do ceticismo surgido tão cedo, um modo de pensar em que a razão procede tão violentamente contra si mesma, que esse nunca poderia ter surgido a não ser em total desespero quanto à satisfação em vista de suas intenções mais importantes. Pois muito antes de começar a questionar metodicamente a natureza, questionou-se / apenas a própria razão isolada, que já era 4:272 treinada até certo grau pela experiência comum, porque afinal a razão sempre nos está presente, enquanto leis naturais têm de ser procuradas em geral com muito esforço; e assim a metafísica nadava por cima como espuma, mas de tal maneira que, assim que se dissipava aquela que se tinha colhido, logo se mostrava outra na superfície, sempre recolhida avidamente por alguns, enquanto outros, em vez de procurar na profundeza a causa desse fenômeno, consideravam-se sábios por rir do esforço inútil dos primeiros.

O essencial e distintivo do conhecimento *matemático* puro em relação a todo outro conhecimento *a priori* é que ele *não* tem de proceder *por conceitos*, mas sempre apenas pela construção dos conceitos (*Crítica*, p. 713). Dado então que em suas proposições ela tem de ir além do conceito para aquilo que está contido na intuição que lhe corresponde, suas proposições nunca podem e devem provir da análise dos conceitos, isto é, analiticamente, sendo por isto ao todo sintéticas.

Não posso, entretanto, deixar de notar a desvantagem que a desconsideração dessa observação aparentemente fácil e insignificante trouxe para a filosofia. *Hume*, ao sentir o ofício digno de um filósofo, de lançar seu olhar a todo o campo do conhecimento puro *a priori*, no qual o entendimento humano se arroga grandes possessões, inadvertidamente cortou daí toda uma província dele, e na verdade a mais importante, a saber, a matemática pura, imaginando que sua natureza e, por assim dizer, sua constituição se baseassem em princípios bem diferentes, a saber, meramente no princípio da contradição; e, embora não tenha feito a divisão das proposições tão formal e universalmente como é feita aqui por mim, ou sob a mesma denominação, era como se tivesse dito: matemática pura contém meramente proposições *analíticas*, enquanto metafísica contém proposições sintéticas *a priori*. Só que nisto ele errou bastante, e este erro teve consequências decisivamente desvantajosas para todo o seu conceito. Pois, não tivesse feito isso, ele teria estendido sua questão sobre a origem de nossos juízos sintéticos muito além de seu conceito metafísico da causalidade, estendendo-a também à possibilidade da matemática *a priori*, já que teria de tomá-la igualmente por sintética. / Mas então ele não poderia ter fundado de maneira alguma suas proposições metafísicas em simples experiência, porque senão teria igualmente submetido os axiomas da matemática à experiência, para o que era demasiadamente perspicaz. A boa sociedade em que a metafísica então viria a se encontrar a teria salvado do perigo de um tratamento desdenhoso, pois os golpes destinados à última teriam de acertar também a primeira, o que não era, contudo, sua opinião, nem poderia ter sido; e assim o perspicaz homem teria sido levado a considerações que teriam de se tornar parecidas àquelas com que nos ocupamos agora, mas que teriam ganho infinitamente com sua exposição inimitavelmente bela.

Juízos *propriamente metafísicos* são ao todo sintéticos. Temos de distinguir juízos *pertencentes à metafísica* de juízos propriamente *metafísicos*. Entre aqueles há muitos analíticos, mas eles constituem apenas os meios para juízos metafísicos, aos quais se volta inteiramente a finalidade da ciência, e esses são sempre sintéticos. Pois, quando conceitos pertencem à metafísica, por exemplo, o da substância, os juízos que resultam de sua mera análise também pertencem necessariamente à metafísica; por exemplo, substância é aquilo que só existe como sujeito etc., e por meio de vários juízos analíticos deste tipo procuramos nos aproximar da definição do conceito. Como a análise de um conceito do entendimento puro (como os contidos na metafísica) não ocorre de maneira diferente da análise de qualquer outro conceito não pertencente à metafísica, inclusive do empírico (por exemplo, ar é um fluido elástico cuja elasticidade não é superada por nenhum grau de frieza conhecido), assim decerto o conceito é metafísico, mas não propriamente o juízo analítico; pois esta ciência tem algo de particular e próprio na produção de seus conhecimentos *a priori*, o que tem de ser distinguido, portanto, daquilo que ela tem em comum com os demais conhecimentos do entendimento; assim, por exemplo, a proposição "tudo o que é substância nas coisas é permanente" é uma proposição sintética e propriamente metafísica.

Quando se reuniu antes e de acordo com certos princípios os conceitos *a priori* que constituem a matéria da metafísica e seus instrumentos de construção, a análise desses conceitos é de grande valor; e ela pode também ser exposta como uma parte especial (feito uma *philosophia definitiva*) contendo apenas proposições analíticas pertencentes à metafísica, separada de todas as / proposições sintéticas que constituem a própria metafísica. 4:274

Pois de fato aquelas análises não têm uma utilidade significativa a não ser na metafísica, isto é, em vista das proposições sintéticas que devem ser geradas a partir daqueles conceitos antes analisados.

A conclusão deste parágrafo é, portanto, que metafísica tem a ver propriamente com proposições sintéticas *a priori*, e só estas constituem seu fim, para o qual ela certamente precisa de muitas análises de seus conceitos, portanto de juízos analíticos, mas no que o procedimento não é diferente do que em qualquer outro modo de conhecimento, onde se procura por análise apenas tornar claros seus conceitos. Mas a *geração* dos conhecimentos *a priori* tanto segundo a intuição quanto segundo conceitos, finalmente também de proposições sintéticas *a priori* e isto no conhecimento filosófico, constitui o conteúdo essencial da metafísica.

Cansados então do dogmatismo, que nada nos ensina, e ao mesmo tempo do ceticismo, que em geral nada nos promete, nem sequer o sossego de uma ignorância admitida, desafiados pela importância do conhecimento de que precisamos e desconfiados por longa experiência em relação a qualquer conhecimento que acreditamos ter ou que se nos oferece sob o título de razão pura, resta-nos ainda apenas uma questão crítica, cuja resposta pode nortear nosso comportamento futuro: *É em geral possível metafísica?* Esta questão não deve ser respondida, entretanto, por objeções céticas a certas afirmações de uma metafísica efetiva (pois ainda não deixamos valer nenhuma por enquanto), mas a partir do conceito ainda *problemático* de tal ciência.

Na *Crítica da razão pura* procedi sinteticamente em vista desta questão, isto é, de maneira tal que investiguei na própria razão pura, procurando determinar nesta fonte mesma tanto os elementos quanto também as leis de seu uso puro segundo princípios. Este problema é difícil e requer um leitor decidido a penetrar pouco a pouco num sistema que não pressupõe como dado nada senão a própria razão e, portanto, procura desenvolver o conhecimento a partir de seus germes originários, sem se apoiar em nenhum fato. *Prolegômenos* devem ser, em contrapartida, exercícios preliminares; devem mais apontar o que se tem de fazer para possivelmente tornar efetiva uma ciência do que expô-la. / Eles têm de se apoiar, portanto, em algo que já 4:275 conhecemos como certo, do que podemos partir com confiança e subir até as fontes, que ainda não conhecemos e cuja descoberta não só nos explicará aquilo que sabíamos, mas ao mesmo tempo apresentará uma porção de conhecimentos que nascem todos das mesmas fontes. O procedimento metódico dos prolegômenos, sobretudo daqueles que devem preparar para uma metafísica futura, será, portanto, *analítico*.

Mas ocorre afortunadamente que, embora não possamos supor que metafísica existe *realmente* como ciência, ainda assim podemos dizer com confiança que é real e dado certo conhecimento sintético puro e *a priori*, a saber, *matemática pura* e *ciência natural pura*; pois ambas contêm proposições que são geralmente reconhecidas, em parte, como apodicticamente certas por simples razão, em parte, pela concordância universal a partir da experiência, ainda que independente da experiência. Temos, portanto, ao menos algum conhecimento sintético *a priori inconteste*, não sendo necessário perguntar se ele é possível (pois é real), mas apenas *como ele é possível*, para derivar do princípio da possibilidade do dado também a possibilidade de todos os restantes.

PROLEGÔMENOS

QUESTÃO GERAL: COMO É POSSÍVEL CONHECIMENTO A PARTIR DA RAZÃO PURA?

§ 5.

Vimos acima a poderosa distinção entre juízos analíticos e sintéticos. A possibilidade de proposições analíticas pôde ser compreendida facilmente, pois se baseia meramente no princípio da contradição. A possibilidade de proposições sintéticas *a posteriori*, isto é, tais que são tiradas da experiência, também não precisa de uma explicação particular, pois a própria experiência nada mais é do que a conjunção (síntese) contínua das percepções. Restam-nos, portanto, apenas proposições sintéticas *a priori,* cuja possibilidade tem de ser buscada e investigada por ter de se basear em princípios diferentes do princípio da contradição.

/ Mas não precisamos aqui começar a buscar a *possibilidade* 4:276 de tais proposições, isto é, perguntar se são possíveis. Pois delas são dadas efetivamente o bastante e com certeza incontestável; e, devendo o método agora seguido ser analítico, partiremos do fato de que semelhante conhecimento racional sintético e puro existe efetivamente, mas então temos de *investigar* ainda o fundamento dessa possibilidade e perguntar *como* esse conhecimento é possível, para que sejamos colocados em condição de determinar, a partir dos princípios de sua possibilidade, as condições de seu uso, seu âmbito e seus limites. O problema propriamente dito, expresso com precisão escolástica, de que tudo depende, é então:

Como são possíveis proposições sintéticas *a priori*?

Para agradar à popularidade, eu a expressei acima de maneira um pouco diferente, a saber, como a questão sobre o conhecimento da razão pura, o que decerto pude fazer então sem prejudicar a compreensão procurada porque, tratando-se aqui apenas da metafísica e de suas fontes, sempre será lembrado, como espero, depois da observação precedente, que, quando falamos aqui de conhecimento da razão pura, nunca estamos falando do conhecimento analítico, mas apenas do sintético*.

Ora, a permanência ou queda da metafísica e, portanto, sua existência dependem inteiramente da resolução desse problema. Por mais que alguém apresente suas opiniões nela com grande brilho / e amontoe argumentos sobre argumentos *ad nauseam*, se ele não pôde antes responder a contento àquela questão, tenho o direito de dizer: é tudo filosofia vã e sem fundamento e falsa sabedoria. Tu falas pela razão pura e pretendes como que criar conhecimentos *a priori*, enquanto não apenas analisas conceitos dados, mas inventas novas conexões que não se baseiam no princípio da contradição, pretendendo ainda assim compreendê-las de maneira inteiramente independente de toda experiência; mas como então chegas a isto e como queres te justificar devido a tais pretensões? Recorrer à aprovação da razão humana universal não te pode ser permitido, pois essa é uma testemunha cuja reputação se baseia tão somente no boato público. *Quodcumque ostendis mihi sic, incredulus odi.* Horácio. [*Arte poética*: "O que quer que me exibas assim, desprezo incrédulo".]

Mas tão indispensável quanto é a resposta desta questão, tão difícil ela é ao mesmo tempo; e, embora a principal causa por não se ter procurado respondê-la há tempo resida no fato de

---

4:277

* É impossível evitar que, avançando o conhecimento pouco a pouco, certas expressões já tornadas clássicas, procedentes da infância da ciência, na sequência sejam consideradas insuficientes e desajustadas, acabando um certo uso novo e mais adequado em algum risco de confusão. O método analítico, na medida em que se contrapõe ao sintético, é algo bem diferente do teor de proposições analíticas; ele apenas significa que se parte daquilo que se busca como se fosse dado e se ascende até as condições sob as quais somente é possível. Neste método, seguidamente nos valemos só de proposições sintéticas, como exemplifica a análise matemática; e ele poderia ser melhor chamado de método *regressivo* em distinção ao método sintético ou *progressivo*. Ademais, o nome "analítica" também ocorre como um capítulo da lógica, onde é a lógica da verdade e se contrapõe à dialética, sem considerar propriamente se o conhecimento pertencente àquela é analítico ou sintético.

não se ter imaginado que algo assim pudesse ser perguntado, uma segunda causa é que uma resposta suficiente desta questão única requer um pensamento mais perseverante, profundo e penoso do que jamais custou à mais vasta obra da metafísica que prometeu imortalidade a seu autor na primeira publicação. Além do mais, todo leitor compreensivo, ao refletir cuidadosamente sobre este problema em sua exigência e assustado inicialmente por sua dificuldade, tem de achá-lo irresolúvel e, se não existissem efetivamente tais conhecimentos sintéticos puros *a priori*, totalmente impossível; o que de fato ocorreu a *David Hume*, embora não se representasse nem de longe a questão na generalidade com que acontece e tem de acontecer aqui se a resposta deve tornar-se decisiva para toda a metafísica. Pois como é possível, disse o perspicaz homem, que, quando me é dado um conceito, eu posso ir além dele e conectar com ele um outro que nele não está contido de maneira alguma, e isto como se esse estivesse contido *necessariamente* naquele? Tão somente a experiência nos pode fornecer tais conexões (concluiu ele daquela dificuldade, que considerou impossível), e toda aquela suposta necessidade ou, o que dá no mesmo, suposto conhecimento *a priori* nada mais é do que um longo hábito de achar algo verdadeiro e, por isso, tomar por objetiva a necessidade subjetiva.

Se o leitor se queixa do trabalho e esforço que lhe / darei 4:278 pela resolução desse problema, ele só precisa fazer a tentativa de resolvê-lo de maneira mais fácil. Talvez então se sinta grato àquele que assumiu por ele um trabalho de investigação tão profunda, expressando antes quiçá alguma admiração pela leveza que ainda pôde ser dada à solução, tendo em vista a natureza do assunto; também custou anos de esforço para resolver este problema em toda a sua generalidade (no sentido em que os matemáticos tomam essa palavra, a saber, suficiente para todos os casos) e para finalmente, como o leitor encontrará aqui, poder apresentá-lo de forma analítica.

Todos os metafísicos estão, pois, solene e legitimamente suspensos de suas atividades até que tenham respondido satisfatoriamente à questão: *Como são possíveis conhecimentos sinté-*

ticos a priori? Pois somente nessa resposta consiste a credencial que eles teriam de apresentar caso tenham algo para nos propor em nome da razão pura; na falta dela, entretanto, eles não podem esperar nada senão ser recusados sem qualquer investigação ulterior por pessoas razoáveis que já foram enganadas tantas vezes.

Caso queiram, em contrapartida, exercer sua atividade, não como *ciência*, mas como uma *arte* de persuasão sadia e mais adequada ao entendimento humano comum, este ofício não lhes pode ser recusado com equidade. Então eles empregarão a linguagem modesta de uma fé racional, admitirão que não lhes é permitido sequer *conjecturar* sobre aquilo que se encontra além dos limites de toda experiência possível, muito menos *saber* algo, mas apenas *admitir* algo que é possível e mesmo indispensável para a condução do entendimento e da vontade na vida (não para o uso especulativo, pois a este eles devem renunciar, mas tão somente para o uso prático). Somente assim eles poderão levar o nome de homens úteis e sábios, tanto mais quanto mais renunciem ao dos metafísicos; pois estes querem ser filósofos especulativos, e uma vez que, quando se trata de juízos *a priori*, não se pode contar com reles probabilidades (pois o que é conhecido *a priori* segundo o procedimento é justamente por isto anunciado como necessário), não lhes pode ser permitido brincar com conjecturas, / mas sua afirmação tem de ser ciência ou não é em geral nada.

Pode-se dizer que toda a própria filosofia transcendental, que necessariamente antecede toda metafísica, nada mais é do que simplesmente a solução completa da questão aqui proposta, apenas em ordem e detalhamento sistemáticas, e que, portanto, até agora não se tem nenhuma filosofia transcendental. Pois aquilo que leva este nome é propriamente uma parte da metafísica, enquanto aquela ciência deve primeiro determinar a possibilidade da última, devendo então anteceder toda metafísica. Dado que é necessária toda uma ciência destituída de todo auxílio de outras, portanto em si mesma totalmente nova, para responder suficientemente apenas uma única questão, não se deve ficar surpreso se sua solução está ligada a esforço e dificuldade, até mesmo a alguma obscuridade.

Ao avançarmos agora para esta solução, e isto segundo método analítico em que supomos que tais conhecimentos da razão pura existem efetivamente, só podemos recorrer a duas *ciências* do conhecimento teórico (do qual se trata aqui exclusivamente), a saber, *matemática pura* e *ciência natural pura*; pois somente estas nos podem apresentar os objetos na intuição e, por conseguinte, caso ocorra nelas um conhecimento *a priori*, podem mostrar concretamente a verdade ou concordância dele com o objeto, isto é, *sua efetividade*, da qual então se poderia avançar pela via analítica para o fundamento de sua possibilidade. Isto facilita bastante a tarefa, em que as considerações gerais não só são aplicadas a fatos, mas inclusive partem deles, enquanto no procedimento sintético elas têm de ser derivadas abstratamente de conceitos.

Entretanto, para ascender desses conhecimentos puros *a priori*, efetivos e igualmente fundamentados, a um possível que procuramos, a saber, a uma metafísica como ciência, temos a necessidade de incluir em nossa questão principal aquilo que a ocasiona e lhe subjaz como conhecimento *a priori* apenas dado naturalmente, mesmo que não insuspeito em sua verdade, e cujo tratamento sem qualquer investigação crítica de sua possibilidade já é chamado comumente de metafísica, numa palavra, a disposição natural a uma tal ciência; / e assim a questão transcendental principal, dividida em quatro outras questões, será respondida paulatinamente. 4:280

1) Como é possível matemática pura?

2) Como é possível ciência natural pura?

3) Como é possível metafísica em geral?

4) Como é possível metafísica como ciência?

Vê-se que, embora a solução destes problemas deva apresentar sobretudo o conteúdo essencial da crítica, ela tem ainda algo próprio, que merece atenção também por si mesmo, a saber, procurar para ciências dadas as fontes na própria razão, a fim de assim investigar e mensurar mediante o próprio fato essa sua faculdade de conhecer algo *a priori*; pelo que então essas ciências mesmas ganham, ainda que não em vista de seu conteúdo, ao menos no que diz respeito a seu uso correto e, ao darem ocasião para lançar luz sobre uma questão superior acerca de sua origem comum, dão ocasião ao mesmo tempo para esclarecer sua própria natureza.

— PRIMEIRA PARTE DA QUESTÃO —
TRANSCENDENTAL PRINCIPAL

COMO É POSSÍVEL MATEMÁTICA PURA?

§ 6.

Eis aqui então uma grande e comprovada ciência, que já agora é de admirável extensão e para o futuro promete ampliação ilimitada, que de fora a fora traz consigo certeza apodíctica, isto é, necessidade absoluta, e não se baseia, portanto, em fundamentos empíricos, sendo, por conseguinte, um produto puro da razão e, no entanto, de fora a fora sintética. "Como é possível, pois, para a razão humana realizar tal conhecimento inteiramente *a priori?*" Não pressupõe essa faculdade, uma vez que não se baseia nem pode basear-se em experiências, um fundamento de conhecimento *a priori* qualquer que se encontra profundamente oculto, mas que haveria de se revelar por esses seus efeitos, caso apenas se investigasse diligentemente seus primeiros começos?

/   4:281

§ 7.

Constata-se, entretanto, que todo conhecimento matemático tem a peculiaridade de ter de apresentar seus conceitos *na intuição* e isto *a priori*, portanto numa intuição que não é empírica, mas pura, não podendo dar um único passo sem este meio; é por isso que seus juízos sempre são *intuitivos*, enquanto a filosofia tem de se contentar com juízos *discursivos a partir de meros conceitos*, podendo decerto elucidar pela intuição suas doutrinas apodícticas, mas jamais derivá-las dela. Essa observação sobre a natureza da matemática já nos fornece então um guia para a primeira e suprema condição de sua possibilidade, a saber, tem de lhe subjazer *uma intuição pura* qualquer, na qual ela pode apresentar todos os seus conceitos concretamente e ainda assim *a priori* ou, como se diz, *construí*-los[*]. Se podemos encontrar esta intuição pura e sua possibilidade, explica-se facilmente a partir dela como são possíveis proposições sintéticas *a priori* na matemática pura, e assim também como esta ciência mesma é possível; pois, assim como a intuição empírica torna possível sem dificuldade que ampliemos sinteticamente na experiência nosso conceito de um objeto da intuição, por meio de novos predicados que a própria intuição fornece, assim o fará também a intuição pura, apenas com a diferença de que no último caso o juízo sintético *a priori* será certo e apodíctico, mas no primeiro apenas *a posteriori* e empiricamente certo, porque este só contém o que é encontrado na intuição empírica contingente, mas aquele o que tem de ser encontrado necessariamente na [intuição] pura, por ela, como intuição *a priori*, estar ligada inseparavelmente ao conceito *antes de toda experiência*.

§ 8.

Mas neste passo a dificuldade parece antes crescer do que diminuir. Pois agora a questão é: *Como é possível intuir algo* a priori? Intuição é uma representação tal como ela dependeria imediatamente da presença do objeto. Por isso parece impossível intuir *originalmente a priori*, porque / então a intuição teria de ocorrer sem um objeto precedente ou presente ao qual ela se referisse, não podendo, pois, ser intuição. Conceitos são certamente de tipo tal que podemos muito bem fazer alguns deles, nomeadamente aqueles que contêm apenas o pensamento de um objeto em geral, *a priori* e sem nos encontrar numa relação direta com o objeto, por exemplo, os conceitos de grandeza, de causa etc.; mas mesmo esses precisam, para lhes conferir significado e sentido, de um certo uso concreto, isto é, aplicação a uma intuição qualquer, pela qual nos é dado um objeto deles. Mas como pode *intuição* do objeto preceder o próprio objeto?

---

[*] Cf. *Crítica da razão pura*, p. 713.

§ 9.

Se nossa intuição tivesse de ser de maneira a representar coisas *como são em si mesmas*, não ocorreria nenhuma intuição *a priori*, mas ela seria sempre empírica. Pois o que esteja contido no objeto em si mesmo só posso saber se ele me é dado e presente. Sem dúvida é então também incompreensível como a intuição de uma coisa presente me haveria de dar a conhecer como ela é em si, uma vez que suas propriedades não podem transpor-se para minha faculdade de representação; mesmo admitida a possibilidade disso, ainda assim tal intuição não ocorreria *a priori*, isto é, antes que me fosse apresentado o objeto, pois sem isso não se pode pensar nenhum fundamento da relação de minha representação com ele, a não ser que se baseasse em inspiração. Portanto só é possível de uma única maneira que minha intuição preceda a efetividade do objeto e ocorra como conhecimento *a priori, a saber*, se *ela nada contém senão a forma da sensibilidade, que em meu sujeito precede a todas as impressões efetivas por meio das quais sou afetado por objetos*. Pois posso saber *a priori* que objetos dos sentidos só podem ser intuídos de acordo com essa forma da sensibilidade. Disso se segue que proposições que dizem respeito tão somente a essa forma da intuição sensível serão possíveis e válidas para objetos dos sentidos, bem como, inversamente, que intuições que são possíveis *a priori* nunca podem dizer respeito a objetos outros que não objetos de nossos sentidos.

/ 4:283

§ 10.

Portanto é só pela forma da intuição sensível que podemos intuir coisas *a priori*, pelo que, entretanto, também só conhecemos os objetos como eles nos podem *aparecer* (a nossos sentidos), não como eles possam ser em si; e esta pressuposição é absolutamente necessária se são admitidas como possíveis proposições sintéticas *a priori* ou, caso sejam efetivamente encontradas, se sua possibilidade deve ser compreendida e determinada de antemão.

Ora, espaço e tempo são aquelas intuições que a matemática pura põe como fundamento de todos os seus conhecimentos e juízos que se apresentam ao mesmo tempo como apodícticos e necessários; pois a matemática tem de apresentar, isto é, construir, todos os seus conceitos primeiro na intuição, e a matemática pura na intuição pura, sem a qual lhe é impossível dar um passo sequer (porque ela não pode proceder analiticamente, quer dizer, por análise dos conceitos, mas sinteticamente), a saber, enquanto lhe falta intuição pura, somente na qual pode ser dada a matéria para juízos sintéticos *a priori*. Geometria põe como fundamento a intuição pura do espaço. Aritmética gera até mesmo seus conceitos de número pela adição das unidades no tempo; mas sobretudo mecânica pura só pode gerar seus conceitos de movimento por meio da representação do tempo. Mas ambas as representações são apenas intuições; pois, quando se suprime das intuições empíricas dos corpos e de suas alterações (movimento) todo o empírico, quer dizer, o que pertence à sensação, restam ainda espaço e tempo, os quais são, portanto, intuições puras que subjazem *a priori* àquelas e não podem por isso eles mesmos ser suprimidos jamais, mas justamente por serem intuições puras *a priori* demonstram que são simples formas de nossa sensibilidade que têm de preceder a toda intuição empírica, isto é, à percepção de objetos efetivos, e em conformidade às quais objetos podem ser conhecidos *a priori*, mas certamente apenas como nos aparecem.

§ 11.

O problema da presente seção está, pois, resolvido. Matemática pura só é possível como conhecimento sintético *a priori* por não incidir senão sobre meros objetos dos sentidos, a cuja

4:284 / intuição empírica subjaz uma intuição pura (do espaço e do tempo) e na verdade *a priori*, podendo assim subjazer porque essa nada mais é do que a simples forma da sensibilidade, a qual precede ao aparecimento efetivo dos objetos por torná-los de fato possíveis antes de tudo. Mas esta faculdade de intuir *a priori* não diz respeito à matéria do fenômeno, isto é, àquilo que nela é sensação, pois esta constitui o empírico, mas apenas à sua forma, espaço e tempo. Caso se queira duvidar minimamente que ambos são meras determinações ligadas à sua relação com a sensibilidade, e não às coisas em si mesmas, então eu gostaria de saber como se pode achar possível saber, *a priori* e, portanto, antes de qualquer contato com as coisas, ou seja, antes de nos serem dadas, como sua intuição terá de ser constituída, o que aqui é decerto o caso com espaço e tempo. Mas isso é bem compreensível assim que ambos valem como condições formais de nossa sensibilidade, e os objetos apenas como fenômenos, pois então a forma do fenômeno, isto é, a intuição pura, pode sem dúvida ser representada a partir de nós mesmos, isto é, *a priori*.

§ 12.

A fim de acrescentar algo para elucidação e confirmação, basta apenas olhar o procedimento usual e absolutamente necessário dos geômetras. Todas as demonstrações de igualdade completa de duas figuras dadas (quando uma pode ser colocada no lugar da outra em todas as partes) acabam finalmente em que elas se cobrem reciprocamente, o que é obviamente uma proposição sintética baseada na intuição imediata; e a intuição tem de ser dada pura e *a priori*, pois do contrário aquela proposição não poderia valer como apodicticamente certa, tendo apenas certeza empírica. Apenas significaria que sempre se observa assim, valendo apenas até onde nossa percepção se estendeu. Que o espaço completo (que já não é ele mesmo limite de um outro espaço) tenha três dimensões, e o espaço em geral também não possa ter mais delas, isto é construído sobre a proposição de que num ponto não se podem cruzar ortogonalmente mais do que três linhas; essa proposição, no entanto, não pode ser provada a partir de conceitos, mas se baseia imediatamente em intuição / pura e 4:285
a priori, porque é apodicticamente certa; que se possa exigir que uma linha seja prolongada ao infinito (*in indefinitum*) ou que uma série de alterações (por exemplo, espaços percorridos por movimento) seja continuada ao infinito, isto certamente pressupõe uma representação do espaço e do tempo que só pode

estar ligada à intuição, a saber, na medida em que ela em si não é limitada por nada, pois ela nunca poderia ser inferida de conceitos. Portanto subjazem à matemática efetivamente intuições puras *a priori* que tornam possíveis suas proposições sintéticas e válidas apodicticamente; e por isso nossa dedução transcendental dos conceitos no espaço e no tempo explica ao mesmo tempo a possibilidade de uma matemática pura, a qual decerto poderia ser admitida, mas de jeito nenhum compreendida sem uma tal dedução e sem que se admita que "tudo o que pode ser dado a nossos sentidos (os externos no espaço, o interno no tempo) é intuído por nós apenas como nos aparece, não como é em si mesmo".

§ 13.

Aqueles que não conseguem superar a concepção de que espaço e tempo seriam qualidades reais inerentes às coisas em si mesmas podem exercitar sua perspicácia no seguinte paradoxo e, tendo tentado em vão sua solução, livres de preconceitos ao menos por alguns instantes, suspeitar que o rebaixamento do espaço e do tempo a meras formas de nossa intuição sensível possa ter fundamento.

Se duas coisas são completamente idênticas em todas as partes que porventura podem ser conhecidas em cada uma delas por si (em todas as determinações pertinentes ao tamanho e à qualidade), tem de se seguir, pois, que uma pode ser colocada no lugar da outra em todos os casos e relações sem que essa troca provoque a menor diferença conhecível. E de fato é isto que acontece com figuras planas na geometria; mas diversas [figuras] esféricas, não obstante aquela completa correspondência interna, mostram ainda assim uma diferença tal na relação externa, que uma não se deixa colocar no lugar da outra de modo algum; por exemplo, dois triângulos esféricos de ambos os hemisférios, tendo como base comum um arco no equador, podem ser completamente iguais em vista tanto dos lados quanto dos 4:286 ângulos, de modo que em nenhum deles, / quando descrito sozinho e ao mesmo tempo de forma completa, não é encontrado nada que não se encontre ao mesmo tempo na descrição do outro, e mesmo assim um não pode ser colocado no lugar do outro (quer dizer, no hemisfério oposto); e aqui se tem, portanto, uma diferença *interna* de ambos os triângulos que nenhum entendimento pode declarar como interior, e que só se revela pela relação externa no espaço. Mas quero trazer casos mais corriqueiros que podem ser tirados da vida comum.

O que pode ser mais semelhante e igual à minha mão ou minha orelha e em todas as partes do que sua imagem no espelho? E mesmo assim não posso colocar uma mão tal como vista no espelho no lugar de seu original; pois, se este foi uma mão direita, aquela no espelho é uma esquerda, e a imagem da orelha direita é uma esquerda que nunca pode ocupar o lugar da primeira. Ora, aqui não se encontram diferenças internas que um entendimento qualquer pudesse mesmo pensar; e mesmo assim as diferenças são interiores, até onde alcançam os sentidos, pois a mão esquerda não pode ser encerrada nos mesmos limites da direita (elas não podem ser congruentes), não obstante toda a igualdade e semelhança recíprocas; a luva de uma das mãos não pode ser usada na outra. Qual é então a solução? Esses objetos não são porventura representações das coisas como são em si mesmas e como o entendimento puro os conheceria, mas são intuições sensíveis, isto é, fenômenos, cuja possibilidade se baseia na relação de certas coisas em si desconhecidas a algo outro, a saber, à nossa sensibilidade. Ora, o espaço é a forma da intuição externa daqueles, e a determinação interna de cada espaço se dá apenas pela determinação da relação externa com o espaço todo (da relação com o sentido externo), do qual aquele é uma parte, isto é, a parte só é possível pelo todo, o que nunca ocorre em coisas em si mesmas como objetos do simples entendimento, mas decerto em meros fenômenos. Por isso também não podemos tornar inteligíveis a diferença de coisas semelhantes e iguais, mas ainda assim incongruentes (por exemplo, caracóis enrolados em sentidos opostos) por nenhum conceito isolado, mas apenas pela relação com as mãos direita e esquerda, o que se volta imediatamente para a intuição.

4:287   / *Observação I.*

A matemática pura e particularmente a geometria pura somente podem ter realidade objetiva sob a condição de que se voltem apenas a objetos dos sentidos, em vista dos quais, no entanto, vale o princípio: que nossa representação sensível não é de modo algum uma representação das coisas em si mesmas, mas apenas da maneira como elas nos aparecem. Disso se segue que as proposições da geometria não são porventura determinações de uma mera criação de nossa fantasia inventiva, não podendo então ser referidas com segurança a objetos reais, mas que são válidas necessariamente para o espaço e por isso também para tudo o que se possa encontrar no espaço, porque o espaço nada é senão a forma dos fenômenos externos, tão somente sob a qual nos podem ser dados objetos dos sentidos. A sensibilidade, cuja forma é pressuposta pela geometria, é aquilo sobre o que repousa a possibilidade de fenômenos externos; estes nunca podem conter, portanto, algo diferente daquilo que a geometria lhes prescreve. Bem diferente seria se os sentidos tivessem de representar os objetos como são em si mesmos. Pois então não se seguiria ainda da representação do espaço que a geometria pressupõe *a priori* com todo tipo de propriedades dele, que tudo isso, junto com o que é daí inferido, teria de se comportar exatamente assim na natureza. Tomar-se-ia o espaço do geômetra por mera invenção, não lhe conferindo nenhuma validade objetiva, porque não se compreende de modo algum como coisas teriam de concordar necessariamente com a imagem que delas fazemos para nós e de antemão. Se, no entanto, esta imagem ou antes esta intuição formal é a propriedade essencial de nossa sensibilidade, por intermédio da qual tão somente nos são dados objetos, e essa sensibilidade não representa coisas em si mesmas, mas apenas seus fenômenos, então é bem fácil compreender, estando ao mesmo tempo incontestavelmente demonstrado, que todos os objetos externos de nosso mundo sensível têm de concordar necessariamente com as proposições da geometria em toda exatidão, porque a sensibilidade torna primeiro possível aqueles mesmos objetos como simples fenômenos através de sua forma da intuição externa (do espaço), com a qual se ocupa o geômetra. Sempre continuará sendo um fenômeno curioso na história da filosofia que tenha havido um tempo em que até mesmo matemáticos que eram ao mesmo tempo filósofos / começaram 4:288 a duvidar, certamente não da correção de suas proposições geométricas na medida em que concernissem apenas ao espaço, mas da validade objetiva e da aplicação à natureza destes conceitos mesmos e de todas as suas determinações geométricas; uma vez que eles receavam que uma linha na natureza poderia muito bem consistir em pontos físicos, portanto o verdadeiro espaço no objeto em partes simples, mesmo que o espaço que o geômetra tem em pensamentos não pode consistir nisto de modo algum. Eles não reconheceram que esse espaço em pensamento torna possível o [espaço] físico, isto é, a extensão da própria matéria; que este não é uma propriedade das coisas em si mesmas, mas apenas uma forma de nossa faculdade representativa sensível; que todos os objetos no espaço são meros fenômenos, isto é, não são coisas em si mesmas, mas representações de nossa intuição sensível; e, dado que o espaço como representado pelo geômetra é precisamente a forma da intuição sensível que encontramos *a priori* em nós mesmos e que contém o fundamento da possibilidade de todos os fenômenos externos (segundo sua forma), estes têm de concordar necessariamente e da maneira mais precisa com as proposições do geômetra, as quais ele tira, não de um conceito inventado, mas do fundamento subjetivo de todos os fenômenos externos, a saber, da própria sensibilidade. Dessa e de nenhuma outra maneira o geômetra pode ser assegurado contra todas as chicanas de uma metafísica superficial a propósito da realidade objetiva indubitável de suas proposições, por mais que elas tenham de parecer estranhas àquela, porque ela não vai até as fontes de seus conceitos.

Observação II.

Tudo o que nos deve ser dado como objeto tem de nos ser dado na intuição. Mas toda nossa intuição só ocorre pelos sentidos; o entendimento não intui nada, mas apenas reflete. Uma vez então que os sentidos, pelo demonstrado agora, nunca e em parte alguma dão a conhecer as coisas em si mesmas, mas apenas seus fenômenos, "assim todos os corpos junto com o espaço em que se encontram também têm de ser tomados por nada senão meras representações, não existindo em lugar algum a não ser meramente em nossos pensamentos". Não é isto então o idealismo patente?

4:289 O idealismo consiste na afirmação de que não existem outros seres que não os pensantes, sendo as demais coisas que acreditamos perceber na intuição / apenas representações nos seres pensantes, às quais de fato não corresponderia nenhum objeto que se encontre fora deles. Eu digo ao contrário: nos são dadas coisas como objetos de nossos sentidos que se encontram fora de nós, só que não sabemos nada daquilo que eles possam ser em si mesmos, mas conhecemos apenas seus fenômenos, isto é, as representações que causam em nós na medida em que afetam nossos sentidos. De acordo com isso, eu certamente admito que haja corpos fora de nós, isto é, coisas que, embora nos sejam completamente desconhecidas no que elas possam ser em si mesmas, conhecemos pelas representações que nos proporciona sua influência sobre nossa sensibilidade, e às quais designamos como um corpo, palavra que significa, portanto, meramente o fenômeno daquilo que nos é desconhecido, mas mesmo assim um objeto real. Isso pode ser chamado ainda de idealismo? É justamente o contrário disso.

Que apesar da existência efetiva de coisas externas se possa dizer de uma série de seus predicados que eles não pertencem a essas coisas em si mesmas, mas apenas a seus fenômenos, não tendo existência própria fora de nossa representação, é algo geralmente admitido e concedido já bem antes dos tempos de *Locke*, mas sobretudo depois dele. Pertencem a isso o calor, a cor, o sabor etc. Mas que além destes e por importantes razões eu também conte entre os meros fenômenos as demais qualidades dos corpos, chamadas de primárias, a extensão, o lugar e em geral o espaço com tudo o que dele depende (impenetrabilidade ou materialidade, figura etc.), contra isso não se pode aduzir o menor fundamento de inadmissibilidade; e tão pouco quanto aquele que não quer deixar valer as cores como propriedades inerentes ao objeto em si mesmo, mas apenas como modificações do sentido da visão, pode ser chamado já por isso de idealista, tão pouco se pode chamar minha doutrina de idealista só porque eu considero que ainda mais, *sim, que todas as propriedades que constituem a intuição de uma corpo* pertencem apenas a seu fenômeno; pois a existência da coisa que aparece não é suprimida com isso, como no idealismo efetivo, mas apenas se mostra assim que não podemos de modo algum conhecê-la por meio dos sentidos como ela é em si mesma.

Eu gostaria de saber como minhas afirmações teriam de ser formuladas para não conterem um idealismo. Eu teria de dizer sem dúvida que a representação do espaço / não só é perfeitamente conforme às relações que nossa sensibilidade tem com o objeto, pois isto eu disse, mas que ela é mesmo totalmente semelhante ao objeto, uma afirmação com que não consigo ligar nenhum sentido, tão pouco quanto com a de que a sensação do vermelho tenha uma semelhança com a propriedade do cinábrio que provoca em mim essa sensação. 4:290

Observação III.

A partir disso, então, deixa-se rejeitar uma objeção facilmente previsível, mas nula: "a saber, que pela idealidade do espaço e do tempo todo o mundo sensível seria transformado em mera aparência". Pois, tendo sido corrompida de antemão toda compreensão filosófica da natureza do conhecimento sensível por se ter colocado a sensibilidade meramente como um modo de representação confuso, pelo qual conheceríamos as coisas sempre ainda como são, apenas sem ter a faculdade de elevar à consciência clara tudo nessa nossa representação; ao passo que foi por nós demonstrado que a sensibilidade não consiste nessa distinção lógica entre clareza e obscuridade, mas na distinção genética da origem do próprio conhecimento, representando conhecimento sensível as coisas, não como são, mas apenas o modo como afetam nossos sentidos, e que, portanto, por seu intermédio são dados à reflexão do entendimento tão somente fenômenos, e não as próprias coisas; depois dessa necessária correção, manifesta-se uma objeção oriunda de um mal-entendido inescusável e quase proposital, como se minha doutrina transformasse todas as coisas do mundo sensível em mera ilusão.

Quando nos é dado o fenômeno somos ainda inteiramente livres em como queremos julgar a coisa a partir daí. Aquele, quer dizer, o fenômeno, baseava-se nos sentidos, mas esse julgamento se baseia no entendimento, perguntando-se apenas se na determinação do objeto há verdade ou não. Mas a distinção entre verdade e sonho não é estabelecida pela constituição das representações que são referidas a objetos, pois essas são iguais em ambos, mas por sua conexão segundo as regras que determinam o nexo das representações no conceito de um objeto e em que medida elas podem se juntar numa experiência ou não. E então não é de modo algum culpa dos fenômenos se nosso conhecimento toma a ilusão por verdade, isto é, se a intuição pela 4:291 qual nos é dado um objeto / é tomada por um conceito do objeto ou também de sua existência, que o entendimento apenas pode pensar. Nossos sentidos nos representam o curso dos planetas ora em frente, ora retrocedendo, e nisto não há nem falsidade nem verdade, pois não se julga ainda sobre a constituição objetiva de seu movimento enquanto se fica limitado a [admitir] que isso por ora é apenas fenômeno. Como, no entanto, facilmente pode surgir um falso juízo quando o entendimento não cuida muito bem em evitar que esse modo subjetivo de representar seja tomado por objetivo, diz-se então: eles parecem retroceder; só que a ilusão não se dá por conta dos sentidos, mas do entendimento, somente ao qual cabe pronunciar um juízo objetivo a partir do fenômeno.

Desse modo, se não refletirmos de modo algum sobre a origem de nossas representações, conectando nossas intuições dos sentidos, contenham o que contiverem, no espaço e no tempo segundo regras do nexo de todo conhecimento numa experiência, assim pode surgir ilusão enganadora ou verdade, conforme sejamos descuidados ou cuidadosos; isto diz respeito tão somente ao uso de representações sensíveis no entendimento, e não à sua origem. Do mesmo modo, se considero todas as representações dos sentidos junto com sua forma, quer dizer, espaço e tempo, apenas como fenômenos, e esses como meras formas da sensibilidade que fora dela não se encontram de maneira alguma nos objetos, valendo-me das mesmas representações apenas em relação à experiência possível, assim não se encontra a mínima sedução ao erro ou uma ilusão nisso de eu as considerar meros fenômenos, pois elas podem, apesar disso, estar conectadas corretamente na experiência segundo regras da verdade. Desse modo, todas as proposições da geometria são válidas para o espaço tanto quanto para os objetos dos sentidos, portanto em vista de toda experiência possível, quer eu considere o espaço uma mera forma da sensibilidade, quer algo inerente às próprias coisas; se bem que só no primeiro caso posso compreender como é possível conhecer *a priori* aquelas proposições em relação a todos os objetos da intuição externa; afora isto, tudo continua em vista de toda experiência simplesmente possível igual a se eu não tivesse feito de modo algum esse desvio da opinião comum.

Se ouso, entretanto, ir além de toda experiência possível com meus conceitos de espaço e tempo, o que é inevitável se os proponho como propriedades inerentes às coisas em si mesmas / (pois o que haveria de me impedir então de deixar que sejam válidos também para estas mesmas coisas, mesmo que meus sentidos fossem organizados de outra forma e lhes ser adequados ou não?), então pode nascer um erro essencial que se baseia numa ilusão, quando declarei como universalmente válido aquilo que era apenas uma condição da intuição das coisas inerente a meu sujeito, e que certamente era válida para todos os objetos dos sentidos, portanto para toda experiência possível; porque [neste caso] eu os referi a coisas em si mesmas e não os limitei a condições da experiência. 4:292

Portanto, longe de minha doutrina da idealidade do espaço e do tempo transformar todo o mundo sensível em mera ilusão, ela antes constitui o único meio de assegurar e evitar que seja tomada por mera ilusão a aplicação de um dos mais importantes conhecimentos, a saber, a [aplicação] a objetos reais daquele [conhecimento] que é exposto *a priori* pela matemática, porque sem esta observação seria totalmente impossível decidir se as intuições de espaço e tempo, que não tiramos de nenhuma experiência e que ainda assim se encontram *a priori* em nossa representação, não seriam simples quimeras feitas por nós mesmos, às quais não corresponderia nenhum objeto, pelo menos não de forma adequada, sendo a própria geometria, portanto, uma mera ilusão; ao passo que nós pudemos estabelecer sua validade incontestável em vista de todos os objetos do mundo sensível, porque esses são meros fenômenos.

Em segundo lugar, longe de ser o caso de que estes meus princípios haveriam de transformar a verdade da experiência em mera ilusão porque transformam as representações dos sentidos em fenômenos, eles são antes o único meio de evitar a ilusão transcendental, pela qual a metafísica desde sempre foi enganada e, justo por isso, levada aos esforços infantis de agarrar bolhas de sabão, porque se tomou por coisas em si mesmas fenômenos que são afinal meras representações; do que resultaram todas aquelas curiosas apresentações das antinomias da razão, de que farei menção, e que são superadas por aquela observação exclusiva: que o fenômeno na medida em que é usado na experiência produz verdade, mas assim que vai além do limite dessa experiência e se torna transcendente nada produz senão pura ilusão.

Uma vez então que deixo às coisas que representamos pelos sentidos sua realidade, apenas limitando nossa intuição sensível dessas coisas no sentido de / que elas não representam em parte alguma, nem mesmo nas intuições puras de espaço e tempo, algo mais do que simples aparecimento daquelas coisas, e nunca sua constituição em si mesmas, assim isto não é uma ilusão contínua por mim atribuída à natureza; e meu protesto contra toda imputação de idealismo é tão categórico e claro, que ele até pareceria desnecessário se não existissem juízes incompetentes que, enquanto gostariam de ter um nome antigo para cada desvio de sua opinião errada apesar de comum e nunca julgam o espírito das designações filosóficas, mas se agarram apenas à letra, estivessem de prontidão para colocar sua própria presunção no lugar de conceitos bem-determinados, distorcendo-os e desfigurando-os desta maneira. Pois que eu mesmo tenha dado à minha teoria o nome de idealismo transcendental, não autoriza ninguém a confundi-lo com o idealismo empírico de *Descartes* (embora esse tenha sido apenas um problema cuja irresolubilidade deixava na opinião de *Descartes* cada qual livre para negar a existência do mundo corpóreo, porque ele jamais poderia ser respondido satisfatoriamente) ou com o idealismo místico e fantasioso de *Berkeley* (contra o qual e contra outras quimeras semelhantes nossa crítica propriamente contém antes o antídoto). Pois este por mim assim chamado idealismo não dizia respeito à existência das coisas (duvidar da qual, entretanto, constitui propriamente o idealismo no sentido tradicional), pois nunca me passou pela cabeça duvidar dela, mas apenas à representação sensível das coisas, a que pertencem no topo espaço e tempo, e em relação a estes e, portanto, geralmente em relação a todos os *fenômenos* mostrei que eles não são coisas (mas apenas modos de representar), tampouco determinações pertencentes às coisas em si mesmas. Mas a palavra "transcendental", que para mim nunca significa uma relação de nosso conhecimento a coisas, mas apenas à *faculdade do conhecimento*, deveria evitar este mal-entendido. Antes que ela o continue ocasionando no futuro, entretanto, prefiro retirar essa designação e chamá-lo de [idealismo] crítico. Mas, se é de fato um idealismo condenável transformar coisas reais (não fenômenos) em meras representações, com que nome se pretende chamar aquele que, ao contrário, transforma meras representações em coisas? Penso que se poderia chamá-lo o idealismo *sonhador* em distinção do anterior, que se poderia chamar o *fantasioso*, ambos os quais deveriam ter sido contidos pelo meu / idealismo antes chamado 4:294 transcendental, melhor, *crítico*.

— SEGUNDA PARTE DA QUESTÃO — TRANSCENDENTAL PRINCIPAL

COMO É POSSÍVEL CIÊNCIA NATURAL PURA?

§ 14.

Natureza é a *existência* das coisas na medida em que é determinada segundo leis universais. Se "natureza" devesse significar a existência das coisas *em si mesmas*, nós nunca poderíamos conhecê-la, nem *a priori* nem *a posteriori*. Não *a priori*, pois como queremos saber o que pertence às coisas em si mesmas, visto que isto nunca pode acontecer pela análise de nossos conceitos (proposições analíticas), porque não quero saber o que está contido no meu conceito de uma coisa (pois isto pertence a sua essência lógica), mas o que se acrescenta a esse conceito na realidade da coisa, e pelo que a própria coisa é determinada em sua existência fora de meu conceito. Meu entendimento e as condições sob as quais tão somente ele pode conectar as determinações das coisas em sua existência não prescrevem às coisas mesmas nenhuma regra; essas não se orientam segundo meu entendimento, mas meu entendimento teria de se orientar segundo elas; elas teriam de me ser dadas antes, portanto, para receber delas essas determinações; mas então elas não seriam conhecidas *a priori*.

Também *a posteriori* seria impossível um tal conhecimento da natureza das coisas em si mesmas. Pois, se experiência me deve ensinar *leis* sob as quais se encontra a existência das coisas, então essas, na medida em que dizem respeito a coisas em si mesmas, teriam de lhes caber *necessariamente* também fora de minha experiência. Ora, a experiência decerto me ensina o que existe e como é, mas nunca que teria de ser necessariamente assim e não de outra forma. Portanto ela nunca pode ensinar a natureza das coisas em si mesmas.

§ 15.

Mesmo assim, no entanto, estamos efetivamente de posse de uma ciência natural pura que apresenta *a priori* e com 4:295 toda aquela necessidade exigida para / proposições apodícticas leis sob as quais se encontra a natureza. Apenas preciso invocar aqui como testemunha aquela propedêutica da doutrina natural que, sob o título de ciência natural universal, precede a toda física (que se baseia em princípios empíricos). Aí se encontram matemática aplicada a fenômenos e também princípios meramente discursivos (a partir de conceitos) que constituem a parte filosófica do conhecimento puro da natureza. Só que há nela também muita coisa que não é inteiramente pura e independente de fontes da experiência, como os conceitos do *movimento*, da *impenetrabilidade* (no qual se baseia o conceito empírico da matéria), da *inércia* etc., os quais impedem que ela possa ser chamada inteiramente de ciência natural pura; ademais, ela se dirige apenas a objetos dos sentidos externos, não fornecendo, portanto, nenhum exemplo de uma ciência natural universal em sentido estrito, pois esta tem de submeter a natureza em geral a leis, quer diga respeito ao objeto dos sentidos externos, quer do sentido interno (o objeto da física tanto quanto da psicologia). Mas entre os princípios daquela física universal se encontram alguns que efetivamente possuem a universalidade que exigimos, como as proposições: "*a substância fica* e permanece", "*tudo o que acontece* sempre *é determinado por uma causa* segundo leis constantes" etc. Estas são efetivamente leis naturais universais que subsistem inteiramente *a priori*. Portanto existe de fato uma ciência natural pura, e então a questão é: *Como ela é possível?*

§ 16.

A palavra "*natureza*" admite ainda um outro significado, a saber, a que determina o *objeto*, enquanto no sentido acima ela apenas indicava a *conformidade a leis* das determinações da existência das coisas em geral. Assim, natureza considerada materialmente é o *conjunto de todos os objetos da experiência*. Aqui só temos a ver com essa, dado que de todo modo coisas que nunca podem ser objetos de uma experiência, caso devessem ser conhecidas segundo sua natureza, forçar-nos-iam a conceitos cujo significado nunca poderia ser dado concretamente (num exemplo qualquer de uma experiência possível), e de cuja natureza teríamos de fazer, portanto, apenas conceitos cuja realidade, isto é, se eles se referem efetivamente a objetos ou são meras / coisas imaginárias, não poderia ser decidida de modo algum. 4:296 O conhecimento daquilo que não pode ser um objeto da experiência seria hiperfísico, e aqui não temos a ver com algo assim, mas com o conhecimento da natureza, cuja realidade pode ser confirmada pela experiência, mesmo que seja possível *a priori* e preceda a toda experiência.

§ 17.

O *formal* da natureza nesse sentido estrito é, portanto, a conformidade a leis de todos os objetos e, na medida em que ela é conhecida *a priori*, a sua *necessária* conformidade a leis. Mas foi justamente mostrado que nunca podem ser conhecidas *a priori* as leis da natureza em objetos enquanto considerados, não em relação à experiência possível, mas como coisas em si mesmas. Aqui, entretanto, não temos a ver também com coisas em si (deixamos de lado as propriedades destas), mas apenas com coisas como objetos de uma experiência possível, e ao conjunto destes chamamos aqui propriamente de natureza. E agora eu pergunto se, em se tratando da possibilidade de um conhecimento *a priori* da natureza, é melhor colocar o problema assim: Como é possível conhecer *a priori* a necessária conformidade a fins *das coisas* como objetos da experiência? Ou assim: [Como é possível conhecer *a priori*] a necessária conformidade a fins *da experiência* mesma em vista de todos os seus objetos em geral?

Às claras, a solução da questão resultará, em vista do conhecimento puro da natureza (que constitui propriamente o ponto da questão), de fora a fora no mesmo, quer seja representada de um jeito, quer de outro. Pois as leis subjetivas, somente sob as quais é possível um conhecimento empírico das coisas, são válidas também para estas coisas como objetos de uma experiência possível (mas certamente não para elas como coisas em si mesmas, entretanto não consideradas aqui). É inteiramente o mesmo se digo "um juízo de percepção nunca pode valer como experiência sem a lei [que diz] que, quando um evento é percebido, ele sempre é relacionado a algo precedente, ao qual ele sucede segundo uma regra universal", ou se me expresso assim: "tudo o que a experiência ensina que acontece tem de ter uma causa".

4:297   / Entretanto é mais conveniente escolher a primeira fórmula. Pois, dado que podemos decerto ter *a priori* e antes de quaisquer objetos dados um conhecimento daquelas condições somente sob as quais é possível uma experiência deles, mas nunca das leis a que eles possam estar submetidos em si mesmos sem nenhuma relação com experiência possível, assim não poderemos estudar *a priori* a natureza das coisas a não ser investigando as condições e leis universais (mesmo que subjetivas) somente sob as quais tal conhecimento é possível como experiência (segundo a mera forma) e determinando, de acordo com isso, a possibilidade das coisas como objetos da experiência; pois, se eu escolhesse a segunda maneira de expressar e procurasse as condições *a priori* sob as quais é possível natureza como *objeto* da experiência, eu facilmente acabaria enredado em mal-entendido, imaginando que eu teria de tratar da natureza como uma coisa em si mesma, quando então seria jogado em esforços inúteis sem fim de procurar leis para coisas de que nada me é dado.

Portanto teremos que ver aqui apenas com a experiência e as condições universais e *a priori* de sua possibilidade, determinando a partir daí a natureza como o objeto todo de toda experiência possível. Penso que me entenderão que não entendo aqui as regras da *observação* de uma natureza que já é dada, pois essas já pressupõem experiência; portanto, não como podemos aprender da natureza as leis (por experiência), pois estas não seriam então leis *a priori* e não propiciariam nenhuma ciência natural pura, mas como as condições *a priori* da possibilidade da experiência são ao mesmo tempo as fontes de que têm de ser derivadas todas as leis naturais universais.

§ 18.

Temos de observar primeiro, portanto, que, embora todos os juízos da experiência sejam empíricos, isto é, tenham seu fundamento na percepção imediata dos sentidos, ao revés, nem todos os juízos empíricos são por isso juízos da experiência, mas que ao empírico e em geral ao dado na intuição sensível têm de ser acrescentados ainda certos conceitos que têm sua origem inteiramente *a priori* no entendimento puro, aos quais toda percepção pode ser subsumida e então ser transformada em experiência por seu intermédio.

/ Juízos empíricos, na medida em que possuem validade obje- 4:298 tiva, são juízos da experiência; mas aos que são válidos apenas subjetivamente eu chamo meros juízos da percepção. Os últimos não carecem de um conceito do entendimento puro, mas apenas da conexão lógica das percepções em um sujeito pensante. Mas os primeiros exigem sempre, além das representações da intuição sensível, ainda certos conceitos gerados originalmente no entendimento, os quais fazem justamente com que o juízo da experiência seja objetivamente válido.

Todos os nossos juízos são inicialmente meros juízos da experiência: eles são válidos apenas para nós, isto é, para nosso sujeito, e só depois lhes damos uma nova relação, a saber, a um objeto, e pretendemos que ele sempre seja válido também para nós e igualmente para qualquer um; pois, se um juízo concorda com um objeto, todos os juízos sobre o mesmo objeto também têm de concordar entre si, e assim a validade objetiva do juízo da experiência não significa senão sua validade universal e necessária. Mas também, vice-versa, se temos motivo para tomar um juízo como universal e necessariamente válido (o que nunca se baseia na percepção, mas no conceito do entendimento puro ao qual está subsumida a percepção), então temos de tomá-lo também por objetivo, isto é, que ele não expressa meramente uma relação da percepção a um sujeito, mas uma propriedade do objeto; pois não haveria fundamento por que o juízo de outros teria de concordar necessariamente com o meu, se não fosse a unidade do objeto, a que todos se referem, aquilo em que eles concordam, tendo de concordar por isto também todos entre si.

§ 19.

Portanto validade objetiva e validade universal necessária (para qualquer um) são conceitos recíprocos, e mesmo que não conheçamos o objeto em si, ainda assim, quando consideramos um juízo universalmente válido e assim necessário, entende-se com isto justamente a validade objetiva. Por intermédio desse juízo conhecemos o objeto (mesmo que ficasse desconhecido, aliás, como ele seria em si mesmo) pela conexão necessária e universalmente válida das percepções dadas; e como este é o caso de todos os objetos dos sentidos, assim os juízos da experiência não tirarão sua validade objetiva do conhecimento imediato / do objeto (pois esse é impossível), mas apenas da condição da validade universal dos juízos empíricos, a qual, como dito, nunca se baseia nas condições empíricas, sim, em geral, [em condições] sensíveis, mas em um conceito do entendimento puro. O objeto permanece em si mesmo sempre desconhecido; se a conexão das representações que nos são dadas dele em nossa sensibilidade é determinada, entretanto, como universalmente válida, então o objeto é determinado por essa relação, e o juízo é objetivo.

4:299

Queremos elucidar isso: que o quarto está quente, o açúcar é doce, a losna desagradável*, são juízos válidos apenas subjetivamente. Não exijo de modo algum que eu ou qualquer outro sempre o ache do mesmo jeito que eu; eles expressam apenas uma relação de duas sensações ao mesmo sujeito, a saber, a mim mesmo e também apenas no meu atual estado de percepção, não devendo por isso ter validade também para o objeto; a semelhantes juízos chamo de juízos da percepção. Bem diferente é o caso dos juízos da experiência. O que a experiência me ensina em certas circuns-

---

* Admito de bom grado que estes exemplos não representam juízos da perceção tais que possam vir a ser alguma vez juízos da experiência, mesmo que se acrescentasse um conceito do entendimento, porque se relacionam apenas ao sentimento, o qual todos reconhecem como meramente subjetivo, não podendo, pois, nunca ser atribuído ao objeto e assim também nunca se tornar objetivo; eu quis apenas dar provisoriamente um exemplo do juízo que é válido apenas subjetivamente, não contendo em si nenhum fundamento para a necessária validade universal e, através disso, para uma relação ao objeto. Um exemplo dos juízos da percepção que se tornam juízos da experiência pelo acréscimo de conceito do entendimento segue na próxima nota.

tâncias, ela tem de me ensinar sempre e também a qualquer um, e sua validade não se limita ao sujeito ou seu estado eventual. Por isso, declaro todos os juízos deste tipo objetivamente válidos; como quando, por exemplo, digo "o ar é elástico", este juízo é inicialmente apenas um juízo da percepção, eu apenas relaciono entre si duas sensações nos meus sentidos. Se quero que se chame juízo da experiência, eu exijo que essa conexão esteja sob uma condição que a torna universalmente válida. Quero, portanto, que eu sempre, e também qualquer outro, tenha de ligar necessariamente a mesma percepção sob as mesmas circunstâncias.

/ § 20.

4:300

Portanto teremos de analisar em geral a experiência, para ver o que está contido neste produto dos sentidos e do entendimento, e como é possível o próprio juízo da experiência. Como fundamento se encontra a intuição de que tenho consciência, isto é, percepção (*perceptio*), que cabe apenas aos sentidos. Mas, em seguida, pertence a isso também o julgar (que só cabe ao entendimento). Este julgar pode então ser dúplice: em primeiro lugar, enquanto apenas comparo as percepções e as ligo numa consciência de meu estado, ou, em segundo lugar, ao ligá-las numa consciência em geral. O primeiro juízo é apenas um juízo da percepção e possui nesta medida tão somente validade subjetiva, ele é apenas a conexão das percepções no meu estado de ânimo, sem relação ao objeto. Por isso não é suficiente para a experiência, como se imagina geralmente, comparar percepções e conectá-las numa consciência pelo juízo; através disso, não se origina nenhuma validade universal e necessidade do juízo, tão somente pela qual ele pode ser objetivamente válido e experiência.

Portanto precede ainda um juízo bem diferente, antes que da percepção possa advir experiência. A intuição dada tem de ser subsumida a um conceito que determina em geral a forma do juízo em vista da intuição, conecta a consciência empírica da última numa consciência em geral e confere assim validade universal aos juízos empíricos; semelhante conceito é um conceito do entendimento puro *a priori*, o qual nada faz senão determinar simplesmente para uma intuição a forma em geral como ela pode servir a juízos. Que seja tal conceito o conceito da causa, assim ele determina a intuição que é subsumida a ele, por exemplo, a do ar em vista do juízo em geral, a saber, que o conceito do ar em vista da distensão serve na relação do antecedente ao consequente num juízo hipotético. O conceito da causa é, portanto, um conceito do entendimento puro que é totalmente diferente de toda percepção possível, servindo apenas para determinar em vista do julgar em geral aquela representação que está contida sob ele, portanto, para tornar possível um juízo universalmente válido.

4:301   Antes que de um juízo da percepção possa advir um juízo da experiência, entretanto, requer-se primeiro que a percepção / seja subsumida a um semelhante conceito do entendimento; por exemplo, o ar cai sob o conceito da causa, a qual determina como hipotético o juízo sobre ele em vista da extensão*. Com isto, no entanto, esta extensão não é representada como pertencendo meramente à minha percepção do ar em meu estado ou em mais estados meus ou no estado da percepção de outros, mas como pertencendo a isso *necessariamente*; e o juízo "o ar é elástico" se torna universalmente válido e juízo da experiência antes de mais porque é precedido por certos juízos que subsumem a intuição do ar ao conceito da causa e efeito, determinando assim as percepções, não meramente umas em relação às outras em meu sujeito, mas em vista da forma do juízo em geral (aqui da hipotética), e tornando o juízo empírico desta maneira universalmente válido.

Analisando todos os seus juízos sintéticos na medida em que são objetivos, encontra-se que eles nunca consistem apenas em intuições que foram meramente conectadas num juízo por comparação, como se acredita comumente, mas que eles seriam impossíveis se não se tivesse acrescentado aos conceitos abstraídos da intuição ainda um conceito do entendimento puro, ao qual

---

* Para ter um exemplo fácil de compreender, tome-se o seguinte: quando o Sol ilumina a pedra, ela fica quente. Este juízo é um mero juízo da percepção e não contém nenhuma necessidade, por mais vezes que eu ou também outros possamos ter percebido isso; as percepções apenas se encontram assim ligadas habitualmente. Mas se digo: o Sol aquece a pedra, então se acrescenta à percepção ainda o conceito do entendimento da causa, que conecta *necessariamente* o conceito do calor com o da luz solar, tornando-se o juízo sintético válido necessária e universalmente, por conseguinte, objetivo, e se transformando de uma percepção em uma experiência.

aqueles conceitos foram subsumidos e assim pela primeira vez conectados num juízo objetivamente válido. Até mesmo os juízos da matemática pura em seus axiomas mais simples não são dispensados dessa condição. O princípio "a linha reta é a mais curta entre dois pontos" pressupõe que a linha seja subsumida ao conceito da grandeza, o qual certamente não é uma simples intuição, mas tem sua sede apenas no entendimento e serve para determinar a intuição (da linha) em vista dos juízos que possam ser proferidos sobre ela, em vista da sua quantidade, quer dizer, da pluralidade (como / *iudicia plurativa*[*]), ao se entender por eles que numa intuição dada está contida muita coisa homogênea.

4:302

§ 21.

Portanto, para mostrar agora a possibilidade da experiência, na medida em que se baseia *a priori* em conceitos do entendimento puro, temos de apresentar antes aquilo que pertence aos juízos em geral e, numa tabela, os diversos momentos do entendimento para eles; pois os conceitos do entendimento puro, que nada mais são do que conceitos de intuições em geral na medida em que são determinados em si mesmos em vista de um ou outro desses momentos para juízos, portanto, de maneira necessária e universalmente válida, mostrar-se-ão bem precisamente paralelos a eles. Através disso, também serão determinados de modo bem preciso os princípios *a priori* da possibilidade de toda experiência como um conhecimento empírico objetivamente válido. Pois eles não são nada mais do que proposições que subsumem toda percepção àqueles conceitos do entendimento puro (de acordo com certas condições universais da intuição).

---

[*] Assim eu gostaria que fossem chamados os juízos que na lógica se chamam *particularia*. Pois a última expressão já contém o pensamento de que eles não são universais. Mas, se começo com a unidade (em juízos singulares) e avanço assim para a totalidade, não posso ainda misturar nenhuma relação à totalidade; apenas penso a pluralidade sem totalidade, não a exceção dela. Isto é necessário se os momentos lógicos devem ser atribuídos aos conceitos do entendimento puro; no uso lógico, pode-se deixar tudo como antes.

Tabela lógica dos juízos

1) *Segundo a quantidade*
Universais
Particulares
Singulares

2) *Segundo a qualidade*
Afirmativos
Negativos
Infinitos

3) *Segundo a relação*
Categóricos
Hipotéticos
Disjuntivos

4:303

/4) *Segundo a modalidade*
Problemáticos
Assertóricos
Apodícticos

Tabela transcendental dos conceitos do entendimento

1) *Segundo a quantidade*
Unidade (a medida)
Pluralidade (a grandeza)
Totalidade (o todo)

2) *Segundo a qualidade*
Realidade
Negação
Limitação

3) *Segundo a relação*
Substância
Causa
Comunidade

4) *Segundo a modalidade*
Possibilidade
Existência
Necessidade

Tabela física pura de princípios universais da ciência natural

1) *Axiomas* da intuição

2) *Antecipações* da
percepção

3) *Analogias* da
experiência

4) *Postulados* do pensamento
empírico em geral

/ § 21[a].   4:304

Para resumir todo o anterior em um conceito, é necessário antes lembrar os leitores de que aqui não se trata da origem da experiência, mas daquilo que se encontra nela. O primeiro pertence à psicologia empírica, e sequer ali poderia ser desenvolvido adequadamente sem o segundo, que pertence à crítica do conhecimento e particularmente do entendimento.

Experiência consiste em intuições, que pertencem à sensibilidade, e juízos, que são uma tarefa apenas do entendimento. Mas aqueles juízos que o entendimento faz apenas a partir de intuições sensíveis estão longe de ser juízos da experiência. Pois, em um caso, o juízo apenas conectaria as percepções como são dadas na intuição sensível; no último caso, entretanto, os juízos devem dizer o que experiência em geral contém, portanto não o que [contém] a mera percepção, cuja validade é meramente subjetiva. O juízo da experiência ainda tem de acrescentar, portanto, à intuição sensível e sua conexão lógica num juízo (depois de tornada universal por comparação) algo que determina o juízo sintético como necessário e, assim, como universalmente válido; e isso não pode ser senão aquele conceito que representa a intuição como em si mesma determinada em vista de uma forma do juízo em vez de outra, isto é, um conceito daquela unidade sintética das intuições que só pode ser representada por uma dada função lógica dos juízos.

§ 22.

Em suma: a tarefa dos sentidos é intuir; a do entendimento, pensar. Mas pensar é reunir representações em uma consciência. Ou esta reunião se dá meramente em relação ao sujeito, sendo contingente e subjetiva, ou ela ocorre pura e simplesmente, sendo necessária ou objetiva. A reunião das representações em uma consciência é o juízo. Portanto pensar é tanto quanto julgar ou relacionar em geral representações com juízos. Por isso, juízos são ou meramente subjetivos, quando representações são relacionadas somente com uma consciência em um sujeito e

nele reunidas, ou objetivos, quando elas são reunidas em uma
4:305 consciência em geral, isto é, necessariamente. / Os momentos
lógicos de todos os juízos são outras tantas formas possíveis de
reunir representações em uma consciência. Mas, se essas mesmas servem como conceitos, elas são conceitos de sua reunião
necessária em uma consciência, portanto princípios de juízos
objetivamente válidos. Essa reunião em uma consciência é ou
analítica, pela identidade, ou sintética, pela composição e pelo
acréscimo de diversas representações umas às outras. Experiência consiste na conexão sintética dos fenômenos (percepções) em
uma consciência na medida em que ela é necessária. Por isso,
conceitos do entendimento puro são aqueles aos quais todas as
percepções têm de ser subsumidas antes que possam servir de juízos da experiência, nos quais a unidade sintética das percepções é
representada como necessária e universalmente válida*.

§ 23.

Juízos, na medida em que são considerados apenas como a
condição da reunião de dadas representações em uma consciência, são regras. Estas regras na medida em que representam a
reunião como necessária são regras *a priori*, e princípios na medida em que não há outras acima de que sejam derivadas. Como
então, em vista da possibilidade de toda experiência quando se
considera nela apenas a forma do pensamento em geral, não há
condições dos juízos da experiência acima daquelas que submetem os fenômenos segundo a forma diversificada de sua intuição

---

* Mas como esta proposição, que juízos da experiência devem conter necessidade
na síntese das percepções, concorda com minha proposição, acima repetida várias
vezes, de que experiência *a posteriori* só pode fornecer juízos contingentes? Se
digo "experiência me ensina algo", sempre me refiro apenas à percepção que nela
se encontra; por exemplo, que à iluminação da pedra pelo Sol sempre se segue
calor, e nesta medida, portanto, a proposição da experiência é sempre contingente.
Que esse aquecimento resulte necessariamente da iluminação pelo Sol está decerto contido no juízo da experiência (mediante o conceito da causa), mas isso eu
não aprendo pela experiência, e, sim, ao contrário, experiência é gerada primeiro
por esse acréscimo do conceito do entendimento (da causa) à percepção. Como a
percepção chega a este acréscimo, sobre isto deve ser conferida a *Crítica* na seção
sobre a faculdade do juízo transcendental, p. 137ss.

a conceitos do entendimento puro, que tornam o juízo empírico objetivamente válido, / assim aquelas constituem os princípios 4:306 *a priori* da experiência possível.

Ora, os princípios da experiência possível são ao mesmo tempo leis da natureza que podem ser conhecidas *a priori*. E assim está resolvido o problema que se encontra em nossa segunda questão: *Como é possível ciência natural pura?* Pois aqui se encontra perfeitamente o sistemático que é exigido da forma de uma ciência, porque acima das mencionadas condições formais de todos os juízos em geral, portanto de todas as regras em geral fornecidas pela lógica, não são possíveis outras, constituindo essas um sistema lógico, enquanto os conceitos fundamentados naquelas, que contêm as condições *a priori* para todos os juízos sintéticos e necessários, constituem justamente por isso um sistema transcendental, e finalmente os princípios pelos quais todos os fenômenos são subsumidos a esses conceitos constituem um sistema físico, isto é, um sistema da natureza que precede a todo conhecimento empírico da natureza e o torna primeiro possível, podendo por isso ser chamado a verdadeira ciência natural pura e universal.

§ 24.

O primeiro* daqueles princípios físicos subsume todos os fenômenos como intuições no espaço e no tempo ao conceito da *grandeza* e é, nesta medida, um princípio da aplicação da matemática à experiência. O segundo subsume o propriamente empírico, a saber, a sensação que indica o real das intuições, não diretamente ao conceito *da grandeza*, pois sensação não é uma intuição que *contivesse* espaço e tempo, mesmo que coloque em ambos o objeto que lhe corresponde; só que entre realidade (representação de sensação) e o zero, isto é, o vazio total da intuição, há decerto no tempo uma diferença que possui uma

---

* Estes três parágrafos consecutivos dificilmente poderão ser entendidos de maneira adequada se não se lança mão daquilo que a *Crítica* diz sobre os princípios; mas eles podem ser úteis para visualizar mais facilmente o seu geral e prestar atenção aos momentos principais.

grandeza, uma vez que, nomeadamente, entre qualquer grau dado de luz e a treva, qualquer grau dado de calor e o frio total, qualquer grau do preenchimento do espaço e / o espaço totalmente vazio, sempre podem ser pensados graus ainda menores, assim como mesmo entre uma consciência e a inconsciência total (escuridão psicológica) sempre se dão ainda menores. Daí não ser possível uma percepção que demonstrasse uma falta absoluta, por exemplo, uma escuridão psicológica que não pudesse ser considerada como uma consciência que é apenas suplantada por outra mais forte; e assim em todos os casos da sensação. Por esta razão, o entendimento pode antecipar até mesmo sensações, que constituem propriamente a qualidade das representações empíricas, através do princípio de que todas em geral, portanto também o real de todos os fenômenos, possuem graus, o que é a segunda aplicação da matemática à ciência natural (*mathesis intensorum*).

§ 25.

No concernente à relação dos fenômenos, e na verdade apenas em vista de sua existência, a determinação dessa relação não é matemática, mas dinâmica, e nunca pode ser objetivamente válida, portanto tampouco prestar para uma experiência, se não se encontra sob princípios *a priori* que tornam primeiramente possível o conhecimento da experiência em vista dela. Por isso, os fenômenos têm de ser subsumidos ao conceito da substância, que subjaz a toda determinação da existência como um conceito da própria coisa, ou, em segundo lugar, ao conceito de um efeito em relação à causa, na medida em que se encontra uma sequência temporal entre os fenômenos, isto é, um evento, ou ao conceito da comunidade (ação recíproca), na medida em que a simultaneidade deve ser conhecida como objetiva, isto é, por um juízo da experiência; e assim princípios *a priori* subjazem a juízos objetivamente válidos, ainda que empíricos, isto é, à possibilidade da experiência na medida em que deve conectar na natureza objetos segundo a existência. Estes princípios são as verdadeiras leis naturais que se chamam dinâmicas.

Finalmente, pertence também aos juízos da experiência o conhecimento, não tanto da concordância e conexão dos fenômenos entre si, mas antes de sua relação com a experiência em geral, que contém ou sua concordância com as condições formais conhecidas pelo entendimento ou conexão com / o material dos sentidos 4:308 e da percepção ou ambos reunidos em um conceito, portanto, possibilidade, efetividade e necessidade segundo leis naturais universais; o que constituiria a metodologia física (distinção entre verdade e hipóteses, e os limites da confiabilidade destas).

§ 26.

Mesmo que a terceira tabela tirada *da natureza do próprio entendimento* de acordo com o método crítico, a tabela dos princípios, mostre em si uma perfeição com que ela se coloca bem acima de qualquer outra que já tenha sido intentada alguma vez ou possa eventualmente ser tentada no futuro de maneira dogmática, embora em vão, *em relação às próprias coisas*; quer dizer, que ela contém completamente todos os princípios sintéticos *a priori* e foi executada de acordo com um princípio, a saber, a faculdade de julgar em geral, que constitui a essência da experiência em vista do entendimento, de modo que se pode estar certo de que não há mais princípios semelhantes (uma satisfação que o método dogmático jamais pode propiciar), mesmo assim isto está longe de ser seu mérito maior.

Deve-se prestar atenção ao argumento que descobre a possibilidade desse conhecimento *a priori* e que ao mesmo tempo limita todos estes princípios a uma condição que nunca pode ser ignorada, caso não deva ser mal-entendida e estendida no uso além do que pretende o sentido original que o entendimento lhe atribui, a saber, que eles só contêm as condições da experiência possível em geral, na medida em que ela está submetida a leis *a priori*. Assim não digo que coisas *em si mesmas* contêm uma grandeza, sua realidade um grau, sua existência conexão dos acidentes numa substância etc.; pois isso ninguém pode demonstrar, porque tal conexão sintética de meros conceitos, em que falta toda relação com a intuição sensível, por um lado, e toda conexão deles numa experiência possível, por outro lado, é simplesmente impossível. A limitação essencial dos conceitos nesses princípios é, portanto, que todas as coisas se encontram necessariamente e *a priori* sob as condições mencionadas tão somente *como objetos da experiência*.

4:309

Disso segue então também, em segundo lugar, um modo específico e próprio de sua demonstração: que os princípios pensados também não são relacionados diretamente a / fenômenos e sua correlação, mas à possibilidade da experiência, da qual fenômenos constituem apenas a matéria, mas não a forma, isto é, a proposições sintéticas válidas objetiva e universalmente, em que se distinguem justamente juízos da experiência de meros juízos da percepção. Isto ocorre porque os fenômenos, enquanto simples intuições *que ocupam uma parte de espaço e tempo*, estão sob o conceito da grandeza, o qual reúne sinteticamente e *a priori* o múltiplo deles segundo regras; e porque o real dos fenômenos tem de ter um grau, na medida em que a percepção contém, além da intuição, ainda sensação, na qual se dá sempre uma passagem por diminuição entre ela e o zero, isto é, seu completo desaparecimento, e isso na medida em que ela mesma *não ocupa uma parte de espaço e tempo*[*], apesar de a passagem do tempo ou espaço vazios para ela somente ser possível no tempo; por conseguinte, embora a sensação, como qualidade da intuição empírica em vista daquilo em que ela se diferencia especificamente de outras sensações, nunca possa ser conhecida *a priori*, ela pode ainda assim, numa experiência possível em geral, ser diferenciada de toda outra da mesma espécie pela inten-

---

[*] O calor, a luz etc. são tão grandes (segundo o grau) no espaço pequeno quanto no grande; assim como as representações internas, a dor, a consciência em geral não são menores segundo o grau se duram por um tempo curto ou longo. Por isso, a grandeza é aqui tão grande num ponto e num instante quanto em qualquer espaço ou tempo por maior que seja. Graus são, portanto, maiores, mas não na intuição, e sim de acordo com a mera sensação ou também segundo a grandeza do fundo de uma intuição, só podendo ser avaliadas como grandezas (*quantitas qualitatis est gradus* [a quantidade da qualidade é o grau]) pela relação entre 1 e 0, isto é, por cada uma delas poder decrescer por infinitos graus intermediários até o desaparecimento ou crescer por infinitos momentos de acréscimo do zero até uma determinada sensação num certo tempo.

sidade, como grandeza da percepção; pelo que é pela primeira vez tornada possível e determinada a aplicação da matemática à natureza em vista da intuição sensível pela qual nos é dada.

Mas o leitor deve estar atento sobretudo ao modo de demonstração dos princípios que compareçam sob o nome de analogias da experiência. Pois, porque esses não tratam da geração das intuições, como os princípios da aplicação da matemática à ciência natural em geral, mas da conexão de sua existência numa experiência, / e essa não pode ser senão a determinação da existência no tempo de acordo com leis necessárias, tão somente 4:310 sob as quais ela é objetivamente válida, portanto, experiência, assim a demonstração não incide sobre a unidade sintética na conexão *das coisas* em si mesmas, mas das *percepções*, e destas, na verdade, não em vista de seu conteúdo, e sim no concernente à determinação do tempo e à relação da existência nele segundo leis universais. Estas leis universais contêm, portanto, a necessidade da determinação da existência no tempo em geral (por conseguinte, de acordo com uma regra do entendimento *a priori*), caso a determinação empírica no tempo relativo deva ser objetivamente válida, portanto, experiência. Não posso fazer aqui nos prolegômenos mais do que apenas recomendar ao leitor longamente acostumado a tomar a experiência como uma simples composição empírica das percepções, e que por isso sequer pensa que ela vai mais longe do que estas alcançam, a saber, confere validade universal a juízos empíricos, para o que ela precisa de uma unidade do entendimento puro que precede *a priori*: para prestar bastante atenção a essa distinção entre experiência e um mero agregado de percepções e julgar o modo de demonstração a partir desse ponto de vista.

§ 27.

Aqui é então o lugar para tirar o fundamento da dúvida de *Hume*. Ele sustentava com razão que nós não compreendemos de maneira alguma através da razão a possibilidade da causalidade, isto é, da relação da existência de uma coisa com a existência de algo diferente que é posta necessariamente por

aquela. Eu ainda acrescento que compreendemos tão pouco também o conceito da subsistência, isto é, da necessidade de que à existência das coisas subjaza um sujeito que não pode ser por sua vez predicado de nenhuma outra coisa, sim, até mesmo que não podemos formar um conceito da possibilidade de tal coisa (mesmo que possamos apresentar na experiência exemplos de seu uso); que ademais essa incompreensibilidade também afeta a comunidade das coisas, por não ser compreensível como do estado de uma coisa possa ser tirada uma consequência ao estado de coisas bem diferentes fora dela e vice-versa, e como substâncias, cada uma das quais tem sua existência própria e separada, devam depender umas das outras e ainda por cima necessariamente. Ainda assim, estou longe de tomar esses con-
4:311 ceitos / como meramente emprestados da experiência, e a necessidade neles representada, como imaginária e mera ilusão com que um longo hábito nos engana; antes pelo contrário, mostrei suficientemente que eles e os princípios deles oriundos se sustentam *a priori* antes de toda experiência, tendo sua correção objetiva, ainda que decerto apenas em vista da experiência.

§ 28.

Mesmo que eu não tenha, portanto, o mínimo conceito de uma conexão das coisas em si mesmas tal como elas podem existir enquanto substância ou agir como causa ou se encontrar em comunidade com outras (como partes de um todo real), e menos ainda possa pensar tais propriedades em fenômenos enquanto fenômenos (porque aqueles conceitos não contêm nada que se encontra nos fenômenos, mas que somente o entendimento tem de pensar), mesmo assim temos um conceito semelhante de tal conexão das representações em nosso entendimento e decerto em juízos em geral, a saber, que as representações se colocam, em uma espécie de juízos, como sujeito em relação a predicados, em uma outra, como fundamento em relação ao consequente e, em uma terceira, como partes que juntas constituem um todo de conhecimento possível. Ademais, conhecemos *a priori* que, sem considerar a representação de um objeto como determinada em vista de um ou outro desses momentos, não podemos ter qualquer conhecimento que tivesse validade para o objeto; e, se nos ocupássemos do objeto em si mesmo, não seria possível uma única nota característica em que eu pudesse conhecer que ele é determinado em vista de um ou outro dos momentos mencionados, isto é, que ele se coloca sob o conceito da substância ou da causa ou sob o conceito da comunidade (na relação com outras substâncias); pois não tenho conceito da possibilidade de tal conexão da existência. Só que a questão também não é como coisas em si, mas como o conhecimento da experiência das coisas é determinado em vista dos mencionados momentos dos juízos em geral, isto é, como coisas enquanto objetos da experiência podem e devem ser subsumidos àqueles conceitos do entendimento. E então é claro que compreendo completamente, não só a possibilidade, mas também a necessidade de subsumir todos os fenômenos a esses conceitos, isto é, empregá-los como princípios da possibilidade da experiência.

/ § 29.   4:312

Para fazer uma tentativa com o conceito problemático de *Hume* (esta sua *crux metaphysicorum*), *a saber*, o conceito da causa, primeiro me é dada *a priori* pela lógica a forma de um juízo condicionado em geral, quer dizer, de usar um conhecimento dado como fundamento e o outro como consequente. Mas é possível que se encontre na percepção uma regra da relação que diz que a um certo fenômeno se segue constantemente um outro (mesmo que não inversamente); e este é um caso para me valer do juízo hipotético e dizer, por exemplo: se um corpo é iluminado por tempo suficiente pelo Sol, então ele fica quente. Aqui não se tem ainda, sem dúvida, uma necessidade da conexão, portanto o conceito da causa. Só que eu continuo e digo: se a proposição acima, que é apenas uma conexão subjetiva das percepções, deve ser uma proposição de experiência, então ela tem de ser vista como necessária e universalmente válida. Mas uma proposição assim seria: o Sol é por sua luz a causa do calor. A regra empírica acima é agora considerada como lei, e na verdade como válida não apenas para fenômenos, mas para eles em prol de uma experiência possível, a qual precisa de regras gerais e, por conseguinte, universalmente válidas. Compreendo muito bem, portanto, o conceito da causa como um conceito pertencente necessariamente à simples forma da experiência e sua possibilidade como uma reunião sintética das percepções em uma consciência em geral; mas a possibilidade de uma coisa em geral eu não compreendo de modo algum, e isto porque o conceito da causa não indica nulamente uma condição inerente às coisas, mas apenas à experiência, a saber, que esta só pode ser um conhecimento objetivamente válido dos fenômenos e de sua sequência temporal se o precedente pode ser ligado ao subsequente de acordo com a regra dos juízos hipotéticos.

§ 30.

Por isso também os conceitos do entendimento puro não têm em geral nenhum significado se se afastam de objetos da experiência e pretendem ser referidos a coisas em si mesmas (*noumena*). Eles servem apenas para como que soletrar fenômenos, a fim de que possam ser lidos como experiência; os princípios que nascem de sua relação com o mundo sensível / servem apenas a nosso entendimento para o uso na experiência; para além disso, eles são ligações arbitrárias sem realidade objetiva, cuja possibilidade não pode ser conhecida *a priori* nem sua relação a objetos confirmada por um exemplo qualquer ou até mesmo tornada inteligível, porque todos os exemplos só podem ser tirados de uma experiência possível qualquer, portanto também os objetos daqueles conceitos não podem ser encontrados a não ser numa experiência possível.

4:313

Essa solução completa do problema de *Hume*, apesar de resultar contrária à suposição do autor, salva então a origem *a priori* dos conceitos do entendimento puro e a validade das leis universais da natureza como leis do entendimento, mas de maneira tal que limita seu uso apenas à experiência, porque sua possibilidade tem seu fundamento tão somente na relação do entendimento com a experiência; e não de maneira tal que eles se derivem da experiência, mas que a experiência se derive deles, um modo completamente invertido de conexão que *Hume* jamais imaginou.

Disso se segue então o seguinte resultado de todas as investigações precedentes: "Todos os princípios sintéticos *a priori* nada mais são do que princípios de experiência possível" e nunca podem ser relacionados com coisas em si mesmas, mas apenas com fenômenos como objetos da experiência. Por isso também tanto a matemática pura quanto a ciência natural pura nunca podem incidir sobre algo mais do que meros fenômenos, representando apenas ou aquilo que torna possível a experiência em geral ou aquilo que sempre tem de poder ser representado numa experiência possível qualquer, por ser derivado desses princípios.

§ 31.

E assim se tem então algo determinado a que é possível se ater em todos os empreendimentos metafísicos, que até agora passaram ousada mas sempre cegamente por cima de tudo sem distinção. Pensadores dogmáticos nunca imaginaram que o objetivo de seus esforços devesse ser mantido tão curto, mesmo aqueles que, orgulhosos de sua suposta sã razão, buscavam com conceitos e princípios da razão pura decerto legítimos e naturais, mas destinados ao mero uso na experiência, saberes para os quais não conheciam nem podiam conhecer limites determinados; / porque nunca pensaram ou foram capazes de pensar sobre 4:314 a natureza e mesmo a possibilidade de tal entendimento puro.

Muito naturalista da razão pura (pelo que entendo aquele que se crê capaz de decidir em assuntos da metafísica sem qualquer ciência) certamente gostaria de alegar que ele já há tempo não só pressentia, mas também conhecia e compreendia pelo espírito premonitório de sua sã razão o que foi aqui exposto com tanto aparato ou, se preferir, com pompa pedante e prolixa: "a saber, que com toda a nossa razão nunca podemos ir além do campo das experiências". Mas, uma vez que ele tem de admitir decerto, quando questionado pouco a pouco sobre seus princípios racionais, que entre eles se encontram muitos que ele não extraiu da experiência, e que são, portanto, válidos independentemente dela e *a priori*, como e com que fundamentos ele quer então manter nos limites a si mesmo e ao dogmático que se vale desses conceitos e princípios para além de toda experiência possível, justamente porque são conhecidos independentemente dela. E mesmo ele, este adepto da sã razão, não está tão seguro de não acabar inadvertidamente além de toda experiência possível no campo das quimeras, não obstante toda a sua pretensa sabedoria, adquirida a baixo custo. Aliás, comumente ele está bastante enredado nisso, apesar de conferir algum colorido a suas pretensões infundadas por meio da linguagem popular, apresentando tudo apenas como probabilidade, conjectura racional ou analogia.

§ 32.

Já desde os tempos mais antigos da filosofia, pesquisadores da razão pura conceberam, além dos seres sensíveis ou fenômenos (*phaenomena*), que constituem o mundo sensível, ainda certos seres inteligíveis (*noumena*), que deveriam constituir um mundo inteligível, conferindo realidade somente aos seres inteligíveis, porque tomavam como idênticos fenômeno e ilusão (algo desculpável numa época ainda inculta).

De fato, se consideramos justamente os objetos dos sentidos como meros fenômenos, admitimos com isto ao mesmo tempo que lhes subjaz uma coisa em si mesma, embora não conheçamos como ela é constituída, mas apenas seu fenômeno, isto é, 4:315 / o modo como nossos sentidos são afetados por esse algo desconhecido. O entendimento admite, portanto, justamente por aceitar fenômenos, também a existência de coisas em si mesmas, e nesta medida podemos dizer que a representação de tais seres que subjazem aos fenômenos, portanto de simples seres inteligíveis, não só é admissível, mas também inevitável.

Nossa dedução crítica também não exclui de maneira alguma tais coisas (*noumena*), mas antes limita os princípios da estética no sentido de que não devem estender-se a todas as coisas, pelo que tudo seria transformado em mero fenômeno, mas que devem ser válidos apenas para objetos de uma experiência possível. Portanto são admitidos com isto seres inteligíveis, mas com insistência nesta regra, que não tolera nenhuma exceção: que não conhecemos nem podemos conhecer nada determinado desses seres inteligíveis puros, porque tanto nossos conceitos do entendimento puro quanto intuições puras não incidem sobre nada senão objetos da experiência possível, portanto sobre meros seres sensíveis, não restando àqueles conceitos o mínimo significado assim que nos afastamos deles.

§ 33.

Há de fato algo enganoso com nossos conceitos do entendimento puro em vista da sedução a um uso transcendente; pois assim chamo aquele uso que vai além de toda experiência possível. Não só que nossos conceitos da substância, da força, da ação, da realidade etc. são completamente independentes da experiência e não contêm também nenhum fenômeno dos sentidos, parecendo, portanto, aplicar-se de fato a coisas em si mesmas (*noumena*), mas, o que ainda reforça essa suposição, eles contêm em si uma necessidade da determinação a que a experiência nunca se iguala. O conceito da causa contém uma regra de acordo com a qual de um estado se segue necessariamente um outro; mas a experiência só nos pode mostrar que seguidamente e, quando muito, comumente a um estado das coisas se segue um outro, não podendo conferir, portanto, nem universalidade estrita nem necessidade etc.

Por isso, os conceitos do entendimento parecem ter muito mais significado e conteúdo, em vez de o simples uso da experiência esgotar toda a sua destinação, e assim o entendimento constrói inadvertidamente, junto à casa da / experiência, ainda 4:316 um anexo muito mais espaçoso que ele enche só com quimeras, sem sequer perceber que transpôs com seus conceitos, aliás corretos, os limites de seu uso.

§ 34.

Eram necessárias, portanto, duas importantes investigações, sim, totalmente indispensáveis, embora extremamente áridas, que foram feitas na *Crítica*, páginas 137ss. e 235ss., tendo sido mostrado pela primeira que os sentidos não fornecem concretamente os conceitos do entendimento puro, mas apenas o esquema para o seu uso e que o objeto correspondente se encontra apenas na experiência (como produto do entendimento a partir de materiais da sensibilidade). Na segunda investigação (*Crítica*, p. 235), é mostrado que, não obstante a independência de nossos conceitos e princípios do entendimento puro em relação à experiência, sim, até mesmo sua aparentemente maior abrangência de uso, ainda assim não se pode por seu intermédio pensar nada fora do campo da experiência, porque nada podem fazer senão determinar meramente a forma lógica do juízo em vista de intuições dadas; como não há nenhuma intuição além do campo da sensibilidade, entretanto, aqueles conceitos puros carecem totalmente de significado, uma vez que não podem ser apresentados concretamente por nenhum meio, e todos aqueles númenos de um mundo inteligível*, junto com seu conteúdo, não são, por conseguinte, nada senão representações de um problema, cujo objeto é decerto possível em si, mas cuja solução é totalmente impossível pela natureza de nosso entendimento, visto que nosso entendimento não é uma faculdade da intuição, mas apenas da conexão de intuições dadas em uma experiência, 4:317 / devendo esta, por isso, conter todos os objetos para nossos conceitos, enquanto fora dela todos os conceitos serão sem significado, uma vez que não se pode conferir-lhes nenhuma intuição.

---

* Não mundo *intelectual* (como se diz comumente). Pois *intelectuais* são os *conhecimentos* pelo entendimento, os quais também se aplicam a nosso mundo sensível; mas *objetos* se chamam *inteligíveis* na medida em que podem ser representados *tão somente pelo entendimento*, não chegando até eles nossas intuições sensíveis. Mas, como a todo objeto tem de corresponder ainda assim uma intuição possível qualquer, ter-se-ia de pensar um entendimento que intuísse imediatamente coisas; só que de um entendimento assim não temos o menor conceito, portanto tampouco dos *seres inteligíveis* a que ele se aplicaria.

§ 35.

Talvez se possa desculpar a imaginação se ela de vez em quando devaneia, isto é, não se atém cautelosamente aos limites da experiência; pois ao menos ela é vivificada e fortalecida por tal voo livre, sendo sempre mais fácil moderar sua ousadia do que remediar sua fraqueza. Mas que o entendimento, que deve *pensar*, em vez disso *devaneia*, isso nunca lhe pode ser desculpado, pois somente nele se baseia toda ajuda para colocar limites ao devaneio da imaginação, lá onde é necessário.

Mas ele começa com isto de maneira bem inocente e modesta. Primeiro ele põe em ordem os conhecimentos elementares que se encontram nele antes de toda experiência, ainda que tenham de ter sempre sua aplicação na experiência. Pouco a pouco ele deixa de lado estes limites; e o que haveria de impedi-lo nisto, uma vez que o entendimento tirou seus princípios de si mesmo de maneira totalmente livre? E agora ele se volta primeiro para novas forças na natureza, logo em seguida para seres fora da natureza, em uma palavra, para um mundo em cuja organização não nos pode faltar o material, porque é trazido abundantemente por fértil invenção, e, se decerto não confirmado pela experiência, tampouco jamais será refutado. Esta é também a razão por que jovens pensadores gostam tanto de metafísica em maneira autenticamente dogmática, sacrificando-lhe muitas vezes seu tempo e seu talento, útil para outras coisas.

Mas não pode ajudar de maneira alguma querer moderar aquelas tentativas infrutíferas da razão pura através de todo tipo de admoestações diante da dificuldade da solução de questões escondidas tão profundamente, lamentações sobre os limites de nossa razão e rebaixamento das afirmações a meras conjecturas. Pois, se não se estabeleceu claramente sua *impossibilidade* e o *autoconhecimento* da razão não se tornou verdadeira ciência, na qual é distinguido como que com certeza geométrica o campo de seu uso correto daquele de seu uso nulo e infecundo, então aqueles esforços baldios nunca serão abandonados completamente.

4:318 / **§ 36. Como é possível a própria natureza?**

Esta questão, que é o ponto mais alto que a filosofia transcendental pode de fato tocar e ao qual ela também tem de ser levada como seu limite e consumação, contém propriamente duas questões.

Primeiro: Como é possível em geral natureza em sentido *material*, quer dizer, segundo a intuição, como o conjunto dos fenômenos, como [é possível] espaço, tempo e aquilo que preenche a ambos, o objeto da sensação? A resposta é: pela constituição de nossa sensibilidade, segundo a qual ela é tocada da maneira que lhe é peculiar por objetos que lhe são em si desconhecidos e que são totalmente distintos daqueles fenômenos. No próprio livro a resposta foi dada na estética transcendental; mas, aqui nos prolegômenos, pela solução da primeira questão principal.

Segundo: Como é possível natureza em sentido formal, como conjunto das regras sob as quais todos os fenômenos se devem encontrar, caso devam poder ser pensados como conectados em uma experiência? A resposta não pode ser outra senão: ela só é possível pela constituição de nosso entendimento, de acordo com a qual todas aquelas representações da sensibilidade são relacionadas necessariamente com uma consciência; pelo que é primeiramente possível o modo peculiar de nosso pensamento, a saber, mediante regras, e através destas também a experiência, a qual deve ser distinguida totalmente da compreensão dos objetos em si mesmos. No próprio livro essa resposta foi dada na lógica transcendental; mas, aqui nos prolegômenos, no curso da solução da segunda questão principal.

Mas como seja possível aquela propriedade peculiar de nossa própria sensibilidade ou a de nosso entendimento e da apercepção que subjaz a ele e a todo pensamento, isto não se deixa resolver e responder ulteriormente, porque sempre de novo temos necessidade dela para toda resposta e todo pensamento do objeto.

Há muitas leis da natureza que só podemos conhecer pela experiência; mas a conformidade a leis na conexão dos fenômenos, isto é, a natureza em geral, não podemos aprender de nenhuma 4:319 experiência, / porque a própria experiência precisa de tais leis, subjacentes *a priori* à sua possibilidade.

A possibilidade da experiência em geral é, portanto, ao mesmo tempo a lei universal da natureza, sendo os próprios princípios da primeira as leis da última. Pois não conhecemos natureza senão como conjunto dos fenômenos, isto é, das representações em nós, e por isso só podemos derivar a lei da conexão deles dos princípios de sua conexão em nós, isto é, das condições da reunião necessária em uma consciência, que constitui a possibilidade da experiência.

Até mesmo a proposição principal que foi detalhada em toda essa seção, a saber, que leis naturais universais podem ser conhecidas *a priori*, leva de *per si* à proposição de que a legislação suprema da natureza tem de se encontrar em nós mesmos, isto é, em nosso entendimento, e que não temos de procurar suas leis universais na natureza mediante a experiência, mas, ao contrário, a natureza segundo sua conformidade universal a leis meramente a partir das condições da possibilidade da experiência encontradas em nossa sensibilidade e no entendimento; pois como seria possível de outro modo conhecer *a priori* essas leis, visto que não são decerto regras do conhecimento analítico, mas verdadeiras ampliações sintéticas dele? Uma tal concordância necessária dos princípios de experiência possível com as leis da possibilidade da natureza só pode ocorrer por duas razões: ou essas leis são tiradas da natureza através da experiência ou, ao contrário, a natureza é derivada das leis da possibilidade da experiência em geral, sendo totalmente idêntica à simples conformidade universal a leis da última. A primeira se contradiz a si mesma, pois as leis naturais universais podem e têm de ser conhecidas *a priori* (isto é, independentemente de toda experiência) e colocadas como fundamento de todo uso empírico do entendimento; portanto sobra apenas a segunda*.

---

* Apenas *Crusius* conhecia um caminho intermediário, a saber, que um espírito que não pode errar nem enganar implantou originariamente em nós essas leis naturais. Só que, como seguidamente também se imiscuem princípios ilusórios, de que o sistema desse homem mesmo fornece não poucos exemplos, assim parece bem incerto o emprego de tal princípio na falta de critérios seguros para distinguir a origem legítima da ilegítima, não nos sendo jamais possível saber o que o espírito da verdade ou o pai da mentira nos podem ter instilado.

4:320   / Mas temos de distinguir leis empíricas da natureza, que sempre pressupõem percepções particulares, de leis naturais puras ou universais, que, sem que lhes subjazam percepções particulares, contêm apenas as condições de sua reunião necessária em uma experiência; e, no concernente à última, natureza e experiência *possível* são absolutamente idênticas; e, como nesta a conformidade a leis se baseia na conexão necessária dos fenômenos em uma experiência (sem a qual não podemos conhecer absolutamente nenhum objeto do mundo sensível), portanto nas leis originárias do entendimento, assim soa decerto estranho inicialmente, mas não é menos certo, se digo em vista das últimas: *o entendimento não tira suas leis (*a priori*) da natureza, mas as prescreve a ela.*

§ 37.

Queremos ilustrar esta proposição aparentemente ousada com um exemplo que deve mostrar que leis que descobrimos em objetos da intuição sensível, sobretudo quando conhecidas como necessárias, já são tidas por nós como introduzidas pelo entendimento, mesmo que sejam ademais semelhantes em todas as partes às leis naturais que atribuímos à experiência.

§ 38.

Quando se consideram as propriedades do círculo pelas quais esta figura reúne em si imediatamente numa regra universal muitas das determinações arbitrárias do espaço, não se pode deixar de atribuir uma natureza a essa coisa geométrica. Assim, por exemplo, duas linhas que se cortam reciprocamente e ao mesmo tempo o círculo, por mais aleatório que seja seu traçado, ainda assim se dividem sempre tão regularmente, que o retângulo formado pelas partes de cada uma das linhas é igual ao formado pelas da outra. Pergunto então: "Esta lei se encontra no círculo ou no entendimento?" Isto é, contém esta figura em si, independentemente do entendimento, o fundamento dessa lei, ou o entendimento introduz nela a lei das cordas que se cortam reciprocamente em proporção geométrica, ao mesmo tempo que construiu a própria figura de acordo com seu conceito (a saber, da igualdade dos raios)? Quando se vai atrás das demonstrações dessa lei, logo se percebe / que ela pode ser deduzida apenas da condição que o entendimento pôs para a construção dessa figura, quer dizer, da igualdade dos raios. Se estendemos agora esse conceito para investigar ainda mais a unidade de múltiplas propriedades de figuras geométricas sob leis comuns e consideramos o círculo como uma seção cônica, o qual se encontra, portanto, sob as mesmas condições fundamentais da construção de outras seções cônicas, encontramos que todas as cordas que se cortam dentro das últimas, na elipse, na parábola e na hipérbole, sempre o fazem de maneira tal que os retângulos formados de suas partes, ainda que não sejam iguais, estão sempre, entretanto, em proporções iguais entre si. Se daí vamos ainda mais longe, a saber, até as doutrinas fundamentais da astronomia física, revela-se uma lei física da atração recíproca que se estende por toda a natureza material, cuja regra é que ela diminui inversamente ao quadrado das distâncias de cada ponto de atração do mesmo modo que aumentam as superfícies esféricas em que essa força se expande, o que parece se encontrar necessariamente na natureza das coisas mesmas, sendo por isso também exposto costumeiramente como cognoscível *a priori*. Por mais simples que sejam então as fontes dessa lei, dado que se baseia meramente nas proporções das superfícies esféricas de raios diferentes, a consequência disso é tão notável em vista da multiplicidade de sua concordância e regularidade, que não só se dão em seções cônicas todas as trajetórias possíveis dos corpos celestes, mas ainda se dá uma tal proporção entre elas, que não se pode pensar como adequada a um sistema do mundo nenhuma outra lei da atração a não ser a do inverso do quadrado das distâncias.

Aqui se encontra, portanto, uma natureza que se baseia em leis conhecidas *a priori* pelo entendimento, sobretudo a partir de princípios universais da determinação do espaço. Pergunto então: Essas leis naturais se encontram no espaço, e o entendimento as aprende ao procurar simplesmente investigar o rico sentido que se encontra naquele, ou elas se encontram no entendimento e no modo como este determina o espaço segundo as condições da unidade sintética visada em geral por seus conceitos? O espaço é algo tão homogêneo e tão indeterminado em vista de todas as propriedades particulares, que certamente não se procurará nele um tesouro de leis naturais. Ao contrário, o que determina o espaço nas figuras do círculo, do cone e da esfera é o entendimento na medida em que / contém o fundamento da unidade da construção delas. A simples forma universal da intuição que se chama espaço decerto é, portanto, o substrato de todas as intuições determináveis em objetos particulares, encontrando-se nele certamente a condição da possibilidade e multiplicidade das últimas, mas ainda assim a unidade dos objetos é determinada apenas pelo entendimento e na verdade segundo condições que se encontram em sua própria natureza; e assim o entendimento é a origem da ordem universal da natureza, ao apreender todos os fenômenos sob suas próprias leis e assim primeiro implementar *a priori* experiência (segundo sua forma), mediante a qual tudo o que só pode ser conhecido por experiência é submetido necessariamente a suas leis. Pois não temos que ver com a *natureza das coisas em si mesmas*, a qual é independente tanto de condições de nossa sensibilidade quanto do entendimento, mas com a natureza como um objeto de experiência possível, e então o entendimento, ao tornar possível esta, ao mesmo tempo faz com que o mundo sensível ou não seja objeto da experiência ou seja uma natureza.

§ 39. *Apêndice à ciência natural pura: Do sistema das categorias*

Nada pode ser mais desejável a um filósofo do que conseguir derivar *a priori* de um princípio e reunir desta maneira em um conhecimento o múltiplo dos conceitos ou princípios que antes se lhe apresentaram dispersos no uso que deles fazia concretamente. Antes ele apenas acreditava que aquilo que lhe restava após uma certa abstração, e parecia constituir, por comparação recíproca, uma espécie particular de conhecimentos, estava completamente reunido, só que era apenas um *agregado*;

agora ele sabe que exatamente tanto, nem mais nem menos, pode constituir a espécie de conhecimento, ele compreendeu a necessidade de sua divisão, o que é uma intelecção, e tem agora pela primeira vez um *sistema*.

Selecionar no conhecimento comum os conceitos que não têm como fundamento nenhuma experiência particular e ainda assim comparecem em todo conhecimento da experiência, do qual eles constituem como que a mera / forma da conexão, isto 4:323 não pressupunha maior reflexão ou compreensão do que selecionar numa língua regras do uso efetivo das palavras em geral e assim juntar elementos para uma gramática (ambas as investigações são de fato muito parecidas entre si), sem conseguir indicar, no entanto, a razão por que cada uma das línguas possui exatamente essa constituição e nenhuma outra, e muito menos ainda por que podem ser encontradas em geral justamente tantas de tais determinações formais delas, nem mais nem menos.

Aristóteles juntou dez de tais conceitos elementares puros sob o nome de categorias[*]. A estas, também chamadas de predicamentos, ele se viu posteriormente obrigado a acrescentar ainda cinco pós-predicamentos[**], que todavia já se encontram em parte naqueles (como *prius, simul, motus*); só que essa coleção podia valer e merecer aprovação mais como uma sugestão para um investigador futuro do que como uma ideia executada regularmente, razão pela qual, com maior esclarecimento da filosofia, ela também foi descartada como totalmente inútil.

Em uma investigação dos elementos puros (não contendo nada de empírico) do conhecimento humano, consegui somente após longa reflexão distinguir e separar com segurança os conceitos elementares puros da sensibilidade (espaço e tempo) dos do entendimento. Com isso, foram então excluídas daquele registro a sétima, oitava e nona categorias. As demais não me serviram para nada, porque não havia nenhum princípio de

---

[*] 1. *Substantia*. 2. *Qualitas*. 3. *Quantitas*. 4. *Relatio*. 5. *Actio*. 6. *Passio*. 7. *Quando*. 8. *Ubi*. 9. *Situs*. 10. *Habitus*.

[**] *Oppositum, Prius, Simul, Motus, Habere.*

acordo com o qual o entendimento pudesse ser medido completamente e determinadas integralmente e com precisão todas as suas funções, das quais nascem seus conceitos puros.

Para encontrar tal princípio, entretanto, procurei uma ação do entendimento que contém todas as demais, distinguindo-se apenas por diversas modificações ou momentos de submeter o múltiplo da representação à unidade do pensamento em geral; e então encontrei que essa ação do entendimento consiste em juízos. Ora, aqui já se encontrava diante de mim trabalho pronto, embora não inteiramente livre de falhas, dos lógicos, pelo qual fui deixado em condição de apresentar uma tábua completa de funções do entendimento puro, mas que eram incompletas em vista de todo objeto. / Por fim, relacionei essas funções judicativas a objetos em geral, ou antes à condição para determinar juízos como objetivamente válidos, e surgiram conceitos do entendimento puro nos quais eu podia estar certo de que justamente só esses e apenas tantos deles, nem mais nem menos, podem constituir todo o nosso conhecimento das coisas a partir do simples entendimento. Como era justo, eu os chamei de *categorias*, segundo seu nome antigo, reservando-me acrescentar todos os conceitos deriváveis daquelas, seja por conexão entre elas ou com a forma pura do fenômeno (espaço e tempo) ou com sua matéria, na medida em que ainda não está determinada empiricamente (objeto da sensação em geral), completamente sob a denominação de *predicáveis*, assim que fosse realizado um sistema da filosofia transcendental, em prol da qual eu agora tinha que ver apenas com a crítica da própria razão.

Mas o essencial nesse sistema das categorias, pelo que ele se distingue daquela velha coleção feita sem qualquer princípio e porque também merece ser considerado filosofia, consiste em que por seu intermédio puderam ser determinados precisamente o verdadeiro significado dos conceitos do entendimento puro e a condição de seu uso. Pois então ficou claro que eles por si mesmos nada são senão funções lógicas, e não constituem como tais nem o mínimo conceito de um objeto em si mesmo, mas precisam que lhes subjaza uma intuição sensível, servindo então apenas em relação a juízos empíricos, que do contrário são indeterminados e indiferentes em vista de todas as funções para julgar, para determiná-los em vista destas funções, conferir-lhes assim validade universal e tornar em geral possível por seu intermédio *juízos da experiência*.

Uma tal compreensão da natureza das categorias, que ao mesmo tempo as limitava ao mero uso na experiência, não ocorreu nem a seu primeiro autor nem a qualquer um depois dele; mas sem essa compreensão (que depende precisamente de sua derivação ou dedução) elas são totalmente inúteis e um deplorável registro de nomes sem explicação e regra de seu uso. Caso algo semelhante tivesse ocorrido alguma vez aos antigos, sem dúvida todo o estudo do conhecimento da razão pura, que sob o nome de metafísica estragou muitas boas cabeças por muitos séculos, teria chegado a nós numa forma bem diferente e teria esclarecido o entendimento dos homens, / em vez de, como 4:325 de fato ocorreu, esgotá-lo em especulações sombrias e inúteis e torná-lo imprestável para verdadeira ciência.

Esse sistema das categorias torna agora sistemático, por seu turno, todo tratamento de cada um dos objetos da própria razão pura e fornece uma orientação ou guia de como e por quais pontos da investigação terá de ser conduzida aquela consideração metafísica, se tiver de se tornar completa; pois ele esgota todos os momentos do entendimento aos quais qualquer outro conceito tem de ser submetido. Assim também surgiu a tábua dos princípios, de cuja completude só se pode estar certo pelo sistema das categorias; e mesmo na divisão dos conceitos que devem ir além do uso físico do entendimento (*Crítica*, p. 344, bem como p. 415) é sempre o mesmo fio que, por sempre ter de atravessar os mesmos pontos fixos e determinados *a priori* no entendimento humano, sempre forma um círculo fechado que não deixa dúvida de que o objeto de um conceito do entendimento ou razão puros, na medida em que deve ser considerado filosoficamente e segundo princípios *a priori*, pode ser conhecido completamente dessa maneira. Inclusive, não pude deixar de fazer uso dessa guia em vista de uma das divisões ontológicas mais abstratas, a saber, a múltipla distinção dos conceitos de algo e nada, criando de acordo com isso uma tábua regular e necessária (*Crítica*, p. 292)*.

4:326 / Justamente esse sistema, assim como todo sistema autêntico fundado sobre um princípio universal, mostra sua utilidade, nunca louvada em demasia, também nisto de repelir todos os conceitos estranhos que em geral gostariam de se imiscuir naqueles conceitos do entendimento puro, determinando o lugar de cada conhecimento. Aqueles conceitos que, sob o nome de *conceitos da reflexão*, eu tinha igualmente disposto em uma tábua segundo o fio das categorias, na ontologia se misturam sem permissão e pretensões legítimas com os conceitos do entendimento puro, embora estes sejam conceitos da conexão e assim do próprio objeto, enquanto aqueles são conceitos apenas da mera comparação de conceitos já dados, tendo por isso uma natureza e um uso bem diferentes; por minha divisão segundo uma lei (*Crítica*, p. 260), eles são separados dessa mistura. De maneira ainda mais clara, a utilidade daquela tábua separada das categorias salta aos olhos, entretanto, quando nós, como logo acontecerá, separamos daquela a tábua dos conceitos transcendentais da razão, que são de natureza e origem bem diferentes

---

* Acerca de uma tábua das categorias proposta podem ser feitas diversas observações interessantes, como: 1) que a terceira se origina da primeira e da segunda ligadas em um conceito; 2) que naquelas da quantidade e da qualidade ocorre apenas um avanço da unidade para a totalidade ou do algo para o nada (para este propósito, as categorias da qualidade têm de se colocar assim: realidade, limitação, negação completa), sem correlatos ou opostos, enquanto as da relação e da modalidade trazem consigo estes últimos; 3) que, assim como no *lógico* juízos categóricos subjazem a todos os outros, a categoria da substância subjaz a todos os conceitos de coisas efetivas; 4) que, assim como a modalidade não é um predicado particular no juízo, também os conceitos modais não acrescentam nenhuma determinação

4:326 às coisas etc.; todas as considerações desse tipo têm seu grande uso. / Se ademais enumeramos todos os *predicáveis*, que podem ser extraídos de maneira bastante completa de qualquer boa ontologia (por exemplo, a de *Baumgarten*), e os ordenamos em classes sob as categorias, não esquecendo de acrescentar uma análise mais completa possível de todos esses conceitos, então se originará uma parte meramente analítica da metafísica, que ainda não contém nenhuma proposição sintética e que poderia preceder à segunda (à parte sintética), apresentando, não só utilidade por sua determinidade e completude, mas ainda uma certa beleza pelo sistemático nela encontrado.

daquelas dos conceitos do entendimento (devendo ter por isso também uma outra forma), uma separação muito necessária, que, no entanto, nunca ocorreu em qualquer sistema da metafísica, onde aquelas ideias da razão se misturam sem distinção com conceitos do entendimento, como se pertencessem a uma família tal qual irmãos, uma mistura que também não podia ser evitada jamais na falta de um sistema particular das categorias.

— TERCEIRA PARTE DA QUESTÃO — TRANSCENDENTAL PRINCIPAL

COMO É POSSÍVEL METAFÍSICA EM GERAL?

§ 40.

Em prol de sua própria segurança e certeza, matemática pura e ciência natural pura não teriam necessitado nenhuma dedução do tipo que realizamos até aqui; pois a primeira se apoia em sua própria evidência, e a segunda, ainda que nascida de fontes puras do entendimento, apoia-se em experiência e sua contínua confirmação, cujo último testemunho ela não pode recusar e dispensar completamente, porque com toda a sua certeza ela ainda assim, como filosofia, não pode igualar-se à matemática. Ambas as ciências não tinham necessidade da investigação mencionada para si, mas para uma outra ciência, a saber, a metafísica.

Além dos conceitos da natureza, que sempre encontram sua aplicação na experiência, a metafísica tem a ver ainda com conceitos da razão pura, que nunca são dados numa experiência possível qualquer, portanto com conceitos cuja realidade objetiva (de que não são simples quimeras) e com afirmações cuja verdade ou falsidade não são confirmadas ou descobertas por nenhuma experiência; e esta parte da metafísica é ademais justamente aquela que constitui seu fim essencial, para o qual tudo o mais é apenas meio, necessitando assim esta ciência tal dedução *em prol dela mesma*. A terceira questão que nos é proposta agora concerne, portanto, como que ao núcleo e ao próprio da metafísica, a saber, à ocupação da razão apenas consigo mesma e ao conhecimento com objetos que pretensamente nascem imediatamente da incubação desses seus conceitos, sem precisar para tanto da mediação da experiência nem poder chegar em geral a tanto mediante ela*.

Sem resolução desta questão, a razão nunca se bastará. O uso na experiência, a que a razão limita o entendimento puro, 4:328 / não preenche sua própria destinação total. Cada experiência singular é apenas uma parte da esfera total de seu domínio, mas o *todo absoluto de toda experiência possível* não é ele mesmo uma experiência, e ainda assim um problema necessário para a razão, cuja mera representação exige dela conceitos bem diferentes daqueles conceitos do entendimento puro, cujo uso é apenas *imanente*, isto é, vai à experiência na medida em que ela pode ser dada; enquanto os conceitos da razão vão à completude, isto é, à unidade coletiva de toda a experiência possível, e assim além de toda experiência dada, tornando-se *transcendentes*.

Tanto quanto o entendimento precisou então das categorias, tanto a razão contém em si o fundamento para ideias, pelo que entendo conceitos necessários cujo objeto não pode ser dado, entretanto, em nenhuma experiência. As últimas se encontram na natureza da razão tanto quanto as primeiras na natureza do entendimento, e, se aquelas trazem consigo uma ilusão que pode facilmente tentar, essa ilusão é inevitável, mesmo que possa ser evitado muito bem "que ela seduza".

Como toda ilusão consiste em que o fundamento subjetivo é tomado por objetivo, um autoconhecimento da razão em seu uso transcendente (excessivo) será o único recurso contra os desvios em que a razão se perde quando interpreta mal sua destinação, reportando de maneira transcendente ao objeto em si mesmo aquilo que diz respeito apenas a seu próprio sujeito e à sua condução em todo uso imanente.

---

* Se podemos dizer que uma ciência é *real* ao menos na ideia de todos os homens assim que está claro que os problemas que a ela conduzem são propostos a qualquer um pela natureza da razão humana, sendo assim também sempre inevitáveis ensaios sobre eles, mesmo que falhos, então teremos de dizer também: metafísica é subjetivamente real (e isto necessariamente), e então perguntamos com razão como ela é possível (objetivamente).

§ 41.

A distinção entre as *ideias*, isto é, os conceitos da razão pura, e as categorias ou conceitos do entendimento puro, como conhecimentos de espécie, origem e uso bem diferentes, é uma peça tão importante para a fundamentação de uma ciência que deve conter o sistema de todos esses conhecimentos *a priori*, que sem tal separação / metafísica é simplesmente impossível ou 4:329 no máximo um ensaio desregrado e desajeitado de montar um castelo de cartas, sem conhecimento dos materiais empregados e sua serventia para este ou aquele propósito. Se a *Crítica da razão pura* tivesse apenas logrado pôr diante dos olhos essa distinção, ela já teria com isto contribuído para o esclarecimento de nosso conceito e para a condução da investigação no campo da metafísica mais do que todos os esforços infrutíferos de atender às tarefas transcendentes da razão pura, empreendidos desde sempre sem nunca considerar que nos encontramos num campo bem diferente daquele do entendimento, tratando por isso conceitos do entendimento e da razão na mesma linha, como se fossem da mesma espécie.

§ 42.

Todos os conhecimentos do entendimento puro se caracterizam por seus conceitos poderem ser dados na experiência e seus princípios confirmados pela experiência; os conhecimentos transcendentes da razão, ao contrário, não podem nem ser dados na experiência no concernente a suas *ideias* nem ter jamais confirmadas ou refutadas pela experiência suas *proposições*; por isso, o erro que nisso talvez se introduz furtivamente não pode ser descoberto por nada senão a própria razão pura, o que é muito difícil, no entanto, porque justamente esta razão se torna naturalmente dialética por meio de suas ideias, não podendo esta ilusão inevitável ser mantida em limites por nenhuma investigação objetiva e dogmática do assunto, mas tão somente por uma investigação subjetiva, da própria razão como uma fonte das ideias.

§ 43.

Sempre foi meu maior cuidado na *Crítica* não só como eu poderia distinguir cuidadosamente os modos de conhecimento, mas também como derivar todos os conceitos pertencentes a cada um deles de sua fonte comum, a fim de que eu não só pudesse determinar com segurança seu uso por ser informado sobre sua origem, mas também tivesse a vantagem jamais suposta, mas incalculável, de conhecer a completude na enumeração, classificação e especificação dos conceitos *a priori*, 4:330 portanto segundo princípios. Sem isto, / tudo na metafísica é mero fragmento, onde nunca se sabe se aquilo que se possui é suficiente ou se e onde ainda pode faltar algo. Sem dúvida, só se pode também ter esta vantagem na filosofia pura, da qual ela constitui, entretanto, também a essência.

Tendo encontrado a origem das categorias nas quatro funções lógicas do entendimento, foi bem natural procurar a origem das ideias nas três funções dos raciocínios; pois, uma vez dados tais conceitos da razão pura (ideias transcendentais), eles não poderiam, caso não se queira tomá-los por inatos, ser encontrados em parte alguma senão na mesma ação da razão que, na medida em que diz respeito apenas à forma, constitui o lógico dos raciocínios, mas, na medida em que representa os juízos do entendimento como determinados *a priori* em vista de uma ou outra forma, constitui conceitos transcendentais da razão pura.

A diferença formal dos raciocínios torna necessária sua divisão em categóricos, hipotéticos e disjuntivos. Os conceitos da razão nisto fundados contêm, portanto, em primeiro lugar, as ideias do sujeito completo (substancial), em segundo lugar, a ideia da série completa das condições, em terceiro lugar, a determinação de todos os conceitos na ideia de um conjunto completo do possível*. A primeira ideia foi psicológica, a segunda cosmológica, a terceira teológica, e, visto que todas as três dão ocasião para uma dialética, cada uma à sua maneira, baseou-se

---

* No juízo disjuntivo consideramos *toda possibilidade* como dividida com respeito a um certo conceito.

nisso a divisão de toda a dialética da razão pura no paralogismo, na antinomia e finalmente em seu ideal, por cuja derivação se fica inteiramente seguro de que todas as pretensões da razão pura são representadas aqui completamente, não podendo faltar uma sequer, porque assim é mensurada totalmente a própria faculdade da razão, na qual elas têm sua origem.

/ § 44.

4:331

Nesta consideração, é no geral notável ainda que as ideias da razão não servem para nada no uso do entendimento em vista da experiência, como porventura as categorias, mas são completamente dispensáveis em vista dele, até mesmo contrárias e prejudiciais às máximas do conhecimento racional da natureza, embora sejam necessárias em outra perspectiva, ainda a ser determinada. Se a alma é uma substância simples ou não, isto nos pode ser inteiramente indiferente na explicação de seus fenômenos, pois não podemos por nenhuma experiência possível tornar compreensível de maneira sensível e, por isso, concreta o conceito de um ser simples, e assim ele é totalmente vazio em vista de toda compreensão da causa dos fenômenos que se esperava, não podendo servir de princípio da explicação daquilo que experiência interna e externa fornece. Tampouco nos podem servir as ideias cosmológicas do começo do mundo ou da eternidade do mundo (*a parte ante*) para explicar com elas qualquer acontecimento no próprio mundo. Por fim, segundo uma máxima correta da filosofia natural, temos de nos abster de toda explicação da organização da natureza tirada da vontade de um ser supremo, porque isto já não é filosofia natural, mas uma confissão de que estamos acabados com ela. Essas ideias se destinam, portanto, a um uso bem diferente daquele das categorias, pelas quais e pelos princípios nelas baseados a própria experiência se tornou primeiramente possível. Aliás, nossa trabalhosa analítica do entendimento seria totalmente supérflua se nossa intenção se voltasse tão somente ao simples conhecimento da natureza como pode ser dado na experiência, pois a razão executa sua tarefa de maneira segura e boa também sem toda essa dedução sutil, tanto na matemática quanto na ciência natural; portanto nossa crítica do entendimento se une com as ideias da razão pura numa perspectiva projetada para além do uso empírico do entendimento, do qual dissemos acima, no entanto, que ele é inteiramente impossível neste sentido e sem objeto e significado. Mesmo assim, no entanto, tem de haver concordância entre o que pertence à natureza da razão e à do entendimento, e aquela deve contribuir para o aperfeiçoamento da última, não podendo confundi-la de jeito nenhum.

A solução desta questão é a seguinte: a razão pura não visa com suas ideias objetos particulares que se encontrariam além 4:332 do campo / da experiência, mas apenas exige completude do uso do entendimento na concatenação da experiência. Mas essa completude só pode ser uma completude dos princípios, e não das intuições e dos objetos. Ainda assim, para representar de maneira determinada aquela completude, a razão a pensa como o conhecimento de um objeto cujo conhecimento é completamente determinado em vista daquelas regras, um objeto que é, no entanto, apenas uma ideia para aproximar o conhecimento do entendimento da completude indicada por aquela ideia.

§ 45. Observação preliminar sobre a dialética da razão pura

Mostramos acima, nos parágrafos 33 e 34, que a pureza das categorias em relação a toda mistura de determinações sensíveis pode induzir a razão a estender seu uso completamente, além de toda experiência, a coisas em si mesmas, ainda que, não encontrando nenhuma intuição que lhes pudesse conferir significado e sentido concretamente, elas, como simples funções lógicas, decerto podem representar uma coisa em geral, mas não fornecer por si mesmas um conceito determinado de uma coisa qualquer. Objetos hiperbólicos deste tipo são os que se chamam de *númenos* ou entes do entendimento puro (melhor, entes de razão), como, por exemplo, *substância* pensada *sem permanência* no tempo, ou uma *causa* que *não* agisse *no tempo* etc., visto que então se lhes atribui predicados que servem apenas para tornar possível a conformidade a leis da experiência, retirando-lhes, entretanto, todas as condições de possibilidade sob as quais somente é possível experiência, com o que aqueles conceitos voltam a perder todo significado.

Mas não há risco de que o entendimento se perca intencionalmente por si mesmo além de seus limites, no campo dos meros entes de razão, sem ser compelido por leis externas. Entretanto, quando a razão, que não pode ficar satisfeita completamente com nenhum uso empírico das regras do entendimento que ainda seja condicionado, exige a conclusão dessa cadeia de condições, o entendimento é impelido para fora de seu círculo para, em parte, representar objetos da experiência numa série tão extensa, que nenhuma experiência já consegue apreender, / em parte, (para completar a série) até procurar *númenos* inteiramente fora da experiência aos quais ela possa atar aquela cadeia e com isto, finalmente independente de condições empíricas, tornar assim mesmo completa sua linha. Essas são então as ideias transcendentais, que, mesmo que sejam dispostas, de acordo com o verdadeiro mas oculto fim da destinação natural de nossa razão, não para conceitos exorbitantes, mas apenas para a ampliação ilimitada do uso empírico, ainda assim conseguem do entendimento mediante uma ilusão inevitável um uso *transcendente* que, apesar de enganador, não pode ser mantido em limites por nenhuma intenção de permanecer dentro dos limites da experiência, mas tão somente por instrução científica e com esforço.

4:333

I. Ideias psicológicas (*Crítica*, p. 341ss.)

§ 46.

Há muito já se notou que em todas as substâncias nos é desconhecido o sujeito propriamente dito, a saber, aquilo que resta depois que foram separados todos os acidentes (enquanto predicados), portanto o próprio *substancial*, lamentando-se muitas vezes este limite de nossa compreensão. Mas nisto há que observar certamente que não se deve reclamar do entendimento humano por não conhecer o substancial das coisas, isto é, por não poder determiná-lo por si só, mas antes porque ele exige conhecê-lo, enquanto uma simples ideia, como determinado à maneira de um objeto dado. A razão pura exige que busquemos para cada predicado de uma coisa o sujeito que lhe corresponde, para este, entretanto, que necessariamente é por sua vez apenas predicado, também seu sujeito, e assim por diante até o infinito (ou até onde alcançamos). Mas disso se segue que não devemos tomar como um sujeito último nada a que possamos chegar e que o próprio substancial nunca pode ser pensado por nosso entendimento, por mais profundo que seja e mesmo se toda a natureza lhe fosse revelada, porque a natureza específica de nosso entendimento consiste em pensar tudo discursivamente, isto é, por conceitos, portanto também por simples predicados, para o que então sempre tem de faltar o sujeito absoluto. Por isso, todas as propriedades reais mediante as quais conhecemos corpos são apenas acidentes, inclusive a / impenetrabilidade, que sempre tem de ser representada apenas como o efeito de uma força cujo sujeito nos falta.

4:334

Mas parece que temos esse substancial na consciência de nós mesmos (o sujeito pensante), e isto numa intuição imediata; pois todos os predicados do sentido interno se referem ao *eu* como sujeito, e este não pode ser pensado ulteriormente como predicado de um outro sujeito qualquer. Portanto a completude na relação dos conceitos dados como predicados a um sujeito parece aqui não ser meramente ideia, mas o objeto, a saber, o próprio *sujeito absoluto*, parece ser dado na experiência. Só que esta expectativa é frustrada. Pois o eu não é um conceito[*], mas apenas designação do objeto do sentido interno na medida em que não o conhecemos ulteriormente por nenhum predicado, não podendo, portanto, certamente ser em si um predicado de uma outra coisa, e tampouco um conceito determinado de um sujeito absoluto, mas apenas, como em todos os outros casos, a referência dos fenômenos internos a seu sujeito desconhecido. Apesar disso, essa ideia (que serve bem, como princípio regula-

---

[*] Se a representação da apercepção, o *eu*, fosse um conceito pelo qual fosse pensado algo qualquer, ele poderia ser empregado também como predicado de outras coisas ou conter em si tais predicados. Ora, ele não é mais do que sentimento de um ser sem o menor conceito e apenas representação daquilo com que todo pensamento está em relação (*relatione accidentis*).

dor, para destruir completamente todas as explicações materialistas dos fenômenos internos de nossa alma) origina, por um mal-entendido bem natural, um argumento bastante ilusório, para inferir desse suposto conhecimento do substancial de nosso ser pensante sua natureza, na medida em que seu conhecimento cai totalmente fora do conjunto da experiência.

§ 47.

Mas mesmo que se chame de substância a esse eu pensante (a alma) como sujeito último do pensamento, que não pode ser representado ulteriormente como predicado de uma outra coisa, ainda assim esse conceito continua totalmente vazio e sem qualquer consequência se não pode ser demonstrada em relação a ele a permanência como aquilo que torna o conceito da substância profícuo na experiência.

/ Mas a permanência nunca pode ser demonstrada a partir do conceito de uma substância como coisa em si, mas tão somente em prol da experiência. Isto foi suficientemente estabelecido na primeira analogia da experiência (*Crítica*, p. 182); e, caso não se queira admitir esta demonstração, basta apenas fazer por conta própria a tentativa de ver se se logra demonstrar, a partir do conceito de um sujeito que não existe ele mesmo como predicado de uma outra coisa, que sua existência é de fora a fora permanente, não podendo nascer ou perecer nem por si mesmo nem por uma causa natural qualquer. Semelhantes proposições sintéticas *a priori* nunca podem ser demonstradas em si mesmas, mas sempre apenas em relação a coisas como objetos de uma experiência possível.

4:335

§ 48.

Se queremos inferir, portanto, do conceito da alma como substância a sua permanência, isto só pode valer dela em prol de possível experiência, e não dela como uma coisa em si mesma e para além de toda experiência possível. Ora, a condição subjetiva de toda a nossa experiência possível é a vida; por conseguinte, só se pode inferir a permanência da alma na vida, pois a morte do homem é o fim de toda experiência concernente à alma como um objeto dela; a não ser que se mostre o contrário, o que está justamente em questão. Portanto a permanência da alma só pode ser estabelecida na vida do homem (cuja demonstração decerto nos será poupada), mas não após a morte (no que propriamente estamos interessados), e isto pela razão geral de que o conceito da substância, na medida em que deve ser considerado como ligado necessariamente ao conceito da permanência, só pode ser isso segundo um princípio da experiência possível e assim também apenas em prol dela*.

4:336   / *§ 49.*

Igualmente, nunca pode ser demonstrado como conexão das coisas em si mesmas, mas certamente em prol da experiência, que às nossas percepções externas não só corresponde mas tem de corresponder algo efetivo fora de nós. Isto quer dizer tanto quanto: pode ser demonstrado muito bem que existe algo fora de nós de maneira empírica, portanto como fenômeno no espaço; pois não temos a ver com objetos outros que não aqueles que pertencem a uma experiência possível, justamente porque eles não nos podem ser dados em nenhuma experiência, não

---

* É de fato bem notável que os metafísicos sempre se esquivam tão despreocupados do princípio da permanência da substância, sem jamais ensaiar uma demonstração dele; sem dúvida, porque se viram totalmente abandonados por todas as demonstrações assim que começaram com o conceito de substância. O entendimento comum, que certamente percebia que sem essa pressuposição não é possível nenhuma unificação das percepções numa experiência, supriu esta lacuna com um postulado; pois ele nunca podia tirar esse princípio da própria experiência, em parte porque ela não pode perseguir as matérias (substâncias) em todas as suas alterações e dissoluções até o ponto de encontrar o material sempre indiminuto, em parte porque o princípio contém *necessidade*, que sempre é o sinal de um princípio *a priori*. Ora, eles aplicaram confiantes esse princípio ao conceito da alma como uma *substância* e inferiram uma necessária perduração dela após a morte do homem (sobretudo porque a simplicidade desta substância, inferida da indivisibilidade da consciência, assegurava-a contra o perecimento por dissolução). Se tivessem encontrado a verdadeira fonte desse princípio, o que exigia, entretanto, investigações muito mais profundas do que jamais tiveram gosto de começar, eles teriam visto que aquela lei da permanência das substâncias só ocorre em prol da experiência, e por isso só em relação a coisas na medida em que elas devem ser conhecidas e ligadas a outras na experiência, mas nunca em relação a elas também sem consideração de qualquer experiência possível, não podendo, pois, valer tampouco da alma após a morte.

sendo, pois, nada para nós. Empiricamente fora de mim é aquilo que é intuído no espaço, e, como este, junto com todos os fenômenos que ele contém, pertence às representações cuja conexão segundo leis da experiência demonstra sua verdade objetiva tanto quanto a conexão dos fenômenos do sentido interno [demonstra] a efetividade de minha alma (como um objeto do sentido interno), assim tenho consciência, pela experiência externa, da efetividade dos corpos como fenômenos no espaço, tanto quanto, pela experiência interna, da existência de minha alma no tempo, a qual só conheço como um objeto do sentido interno, mediante fenômenos que constituem um estado interno, e do qual me é desconhecido o ser em si mesmo que subjaz a estes fenômenos. O idealismo cartesiano apenas distingue, portanto, experiência externa de sonho e a / conformidade a leis, como critério da verdade da primeira, da falta de regras e da falsa aparência do último. Em ambos 4:337 ele pressupõe espaço e tempo como condições da existência dos objetos, perguntando apenas se os objetos dos sentidos externos são efetivamente encontrados no espaço, que ali colocamos quando despertos, assim como o objeto do sentido interno é efetivamente no tempo, isto é, se a experiência comporta critérios seguros da distinção em relação à imaginação. Mas aqui a dúvida pode ser facilmente superada, e nós sempre a superamos também na vida comum ao considerar a conexão dos fenômenos em ambos segundo leis universais da experiência, não podendo duvidar que eles constituem verdadeira experiência quando a representação de coisas externas concorda com elas de fora a fora. O idealismo material, em que se considera fenômenos enquanto fenômenos apenas segundo sua conexão na experiência, pode ser superado, portanto, facilmente, sendo uma experiência tão segura que corpos existem fora de nós (no espaço) quanto que eu mesmo existo de acordo com a representação do sentido interno (no tempo); pois o conceito *"fora de nós"* significa apenas a existência no espaço. Porém, como o eu, na proposição *"eu sou"*, não é apenas o objeto da intuição interna (no tempo), mas o sujeito da consciência, assim como "corpo" não significa apenas a intuição externa (no espaço), mas também a coisa *em si mesma* que subjaz a esse fenômeno, pode ser negada na natureza sem hesitação a questão se os corpos (como fenômenos do sentido externo) existem como corpos *fora de meus pensamentos*; mas isto é idêntico à questão se eu mesmo *enquanto fenômeno do sentido interno* (alma segundo a psicologia empírica) existo no tempo fora de minha faculdade representativa, pois essa tem de ser negada igualmente. Dessa maneira, tudo é decidido e certo quando levado a seu verdadeiro significado. O idealismo formal (que também chamei de transcendental) efetivamente supera o material ou cartesiano. Pois, se o espaço nada mais é do que uma forma de minha sensibilidade, ele é, enquanto representação em mim, tão efetivo quanto eu mesmo, tratando-se de saber apenas ainda a verdade empírica dos fenômenos nele. Porém, se não é assim, mas o espaço e os fenômenos nele são algo existente fora de nós, então todos os critérios da experiência fora de nossa percepção nunca podem demonstrar a efetividade desses objetos fora de nós.

4:338 / ## II. Ideias cosmológicas (*Crítica*, p. 405ss.)

§ 50.

Este produto da razão pura em seu uso transcendental é seu fenômeno mais notável, e que também age da maneira mais forte para despertar a filosofia de seu sono dogmático e demovê-la ao duro ofício da crítica da própria razão.

Chamo essa ideia de cosmológica, porque ela sempre toma seu objeto apenas do mundo dos sentidos, não precisando também de outros que não aqueles cujo objeto é um objeto dos sentidos, sendo, portanto, até aí imanente e não transcendente, logo ainda não uma ideia; enquanto que pensar a alma como uma substância já significa pensar um objeto (o simples) como os sentidos não podem representar de modo algum. Apesar disso, a ideia cosmológica amplia a conexão do condicionado com sua condição (podendo esta ser matemática ou dinâmica) tanto que a experiência nunca pode alcançá-la, sendo, em vista deste ponto, portanto, sempre uma ideia, cujo objeto nunca pode ser dado adequadamente em qualquer experiência.

§ 51.

Aqui se mostra primeiro a utilidade de um sistema das categorias de maneira tão clara e inconfundível, que, mesmo se não existissem mais demonstrações dele, essa sozinha estabeleceria suficientemente sua indispensabilidade no sistema da razão pura. Tais ideias transcendentes não são mais do que quatro, tantas quantas as classes das categorias; mas em cada uma delas elas visam a completude absoluta da série das condições para um condicionado dado. Em conformidade com essas ideias cosmológicas existem também apenas quatro afirmações dialéticas da razão pura, que, por serem dialéticas, demonstram com isto mesmo que a cada uma se contrapõe uma outra que a contradiz segundo princípios igualmente aparentes da razão pura, um antagonismo que não pode ser evitado por nenhuma arte metafísica da mais sutil distinção, mas que força o filósofo a voltar às primeiras fontes da própria razão pura. / Esta antinomia, não 4:339
inventada porventura arbitrariamente, mas fundada na natureza da razão humana, portanto inevitável e nunca chegando a um fim, contém agora as quatro proposições seguintes junto com suas antíteses.

1ª Proposição. O mundo tem um começo (limite) segundo o tempo e o espaço.
Antítese. O mundo é infinito segundo o tempo e o espaço.

2ª Proposição. Tudo no mundo consiste no *simples*.
Antítese. Não existe nada simples, mas tudo é *composto*.

3ª Proposição. Há no mundo causas por *liberdade*.
Antítese. Não há liberdade, mas tudo é *natureza*.

4ª Proposição. Na série das causas do mundo há algum *ser necessário*.
Antítese. Não há nele nada necessário, mas nessa série *tudo é contingente*.

§ 52.

Eis aqui então o fenômeno mais peculiar da razão humana, do qual não pode ser mostrado aliás nenhum exemplo em outro uso qualquer dela. Se pensamos, como acontece comumente, os fenômenos do mundo dos sentidos como coisas em si mesmas, se tomamos os princípios de sua ligação como princípios válidos geralmente de coisas em si mesmas e não meramente da experiência, como aliás / é igualmente usual, sim, sem nossa crítica é mesmo inevitável, então se impõe um antagonismo insuspeitado que nunca pode ser dirimido pelo caminho dogmático usual, porque tanto a proposição quanto a antítese podem ser estabelecidas por demonstrações claras e irresistíveis igualmente evidentes, encontrando-se assim a razão dividida consigo mesma, um estado com o qual o cético se regozija, mas o filósofo crítico tem de ser posto em reflexão e inquietude.

§ 52b.

Na metafísica pode-se improvisar de muitas maneiras sem recear exatamente ficar embaraçado com inverdade. Pois, desde que não nos contradigamos a nós mesmos, o que é bem possível em proposições sintéticas ainda que inteiramente inventadas, nunca poderemos ser refutados pela experiência em todos aqueles casos em que os conceitos que conectamos são meras ideias, que não podem ser dadas (segundo todo o seu conteúdo) de modo algum na experiência. Pois como queremos descobrir pela experiência se o mundo existe desde a eternidade ou tem um começo, se a matéria é divisível ao infinito ou consiste em partes simples? Semelhantes conceitos não podem ser dados em nenhuma experiência, mesmo na maior possível, não se deixando descobrir assim, por esta pedra de toque, a incorreção da proposição afirmativa ou negativa.

O único caso possível em que a razão revelaria contra a própria vontade sua dialética secreta, que ela faz passar por dogmática, seria se ela fundasse uma afirmação sobre um princípio geralmente aceito, e de um outro igualmente abonado ela inferisse justamente o contrário com a maior correção do raciocínio. Ora, esse é aqui o caso, e na verdade em vista de quatro ideias naturais da razão, de que nascem, de um lado, quatro afirmações e, de outro lado, outras tantas afirmações contrárias, cada qual com consequência correta a partir de princípios admitidos geralmente, revelando assim a ilusão dialética da razão pura no uso desses princípios, que de outro modo teria de ficar para sempre oculta.

Aqui se encontra, portanto, um ensaio decisivo, que tem de nos revelar necessariamente uma incorreção oculta nas pressuposições da razão*. / Duas proposições que se contradizem 4:341 não podem ambas ser falsas, a não ser que o próprio conceito subjacente seja contraditório; por exemplo, as duas proposições "um círculo quadrangular é redondo" e "um círculo quadrangular não é redondo" são ambas falsas. Pois, no concernente à primeira, é falso que o dito círculo seja redondo porque ele é quadrangular; mas também é falso que ele não é redondo, isto é, que ele é angular, porque é um círculo. Pois a marca lógica da impossibilidade de um conceito consiste justamente em que, sob sua pressuposição, duas proposições contraditórias seriam falsas ao mesmo tempo, não sendo, portanto, pensado por aquele conceito *absolutamente nada*, porque entre elas não pode ser pensado nenhum terceiro.

§ 52c.

Ora, às duas primeiras antinomias, que chamo de matemáticas porque se ocupam da adição ou divisão do homogêneo, subjaz um conceito contraditório semelhante; e com isto explico como é possível que tanto tese quanto antítese sejam ambas falsas.

---

* Desejo, pois, que o leitor crítico se ocupe sobretudo desta antinomia, porque a própria natureza parece tê-la montada para deixar a razão perplexa em suas atrevidas pretensões e obrigá-la ao autoexame. Eu me responsabilizo por cada demonstração que dei tanto da tese quanto da antítese, evidenciando assim a certeza da antinomia inevitável da razão. Se o leitor então for levado por este curioso fenômeno a retornar ao exame da pressuposição aí subjacente, ele se sentirá obrigado a investigar comigo o primeiro fundamento de todo conhecimento da razão pura.

Quando falo de objetos no tempo e no espaço, não falo de coisas em si mesmas, porque destas nada sei, mas apenas de coisas como fenômenos, isto é, da experiência como um modo particular de conhecimento dos objetos, o único concedido ao homem. Daquilo que penso, portanto, no espaço e no tempo não devo dizer que seja em si mesmo no espaço e no tempo, também sem esses meus pensamentos; pois então eu me contradiria a mim mesmo, porque espaço e tempo, junto com os fenômenos neles, não são algo existente em si mesmo e fora de minhas 4:342 representações, mas apenas / maneiras de representar, sendo claramente contraditório dizer que uma simples maneira de representar também existe fora de nossa representação. Os objetos dos sentidos existem, portanto, apenas na experiência; em contrapartida, atribuir-lhes uma existência própria e subsistente por si significa tanto quanto imaginar que exista experiência também sem experiência ou antes dela. Se pergunto, pois, pela grandeza do mundo segundo o espaço e o tempo, é impossível dizer com todos os meus conceitos tanto que ele é infinito quanto que ele é finito. Pois nenhum dos dois pode estar contido na experiência, porque não é possível experiência nem de um espaço *infinito* ou de tempo infinito transcorrido nem da *limitação* do mundo por um espaço vazio ou um tempo vazio precedente; isto são apenas ideias. Portanto esta grandeza do mundo, determinada de um jeito ou de outro, teria de se encontrar nele mesmo, separado de toda experiência. Mas isto contradiz o conceito de um mundo sensível, que é apenas um somatório do fenômeno, cuja existência e conexão ocorre tão somente na representação, quer dizer, na experiência, por não ser coisa em si, mas nada mais do que maneira de representar. Disso se segue que, como o conceito de um mundo sensível existente por si é em si mesmo contraditório, a solução do problema de sua grandeza também será sempre falsa, quer se a tente afirmativa ou negativamente.

Justamente isto é válido para a segunda antinomia, que diz respeito à divisão dos fenômenos. Pois estes são simples representações, e as partes só existem na representação deles, portanto na divisão, isto é, numa experiência possível em que eles são dados, indo aquela, portanto, apenas até onde vai essa. Supor que um fenômeno, por exemplo, o do corpo, contenha em si mesmo, antes de toda experiência, todas as partes a que sempre apenas experiência possível pode chegar, isto significa atribuir a um mero fenômeno, que só pode existir na experiência, ao mesmo tempo uma existência própria precedente a toda experiência, ou dizer que meras representações existem antes de serem encontradas na faculdade de representação, o que se contradiz, e, portanto, também [se contradiz] toda solução do problema mal-entendido, quer se afirme nisso que os corpos consistem em infinitas partes, quer em um número finito de partes simples.

/ 4:343

§ 53.

Na primeira classe das antinomias (das matemáticas), a falsidade da pressuposição consistia em que se representaria aquilo que se contradiz (a saber, fenômeno como coisa em si mesma) como compatível em um conceito. Mas no concernente à segunda, quer dizer, à classe dinâmica das antinomias, a falsidade da pressuposição consiste em se representar aquilo que é compatível como contraditório, por conseguinte, como no primeiro caso ambas as afirmações opostas eram falsas, aqui, em contrapartida, aquelas que são contrapostas por mero mal-entendido podem ambas ser verdadeiras.

Pois a conexão matemática pressupõe necessariamente homogeneidade do conexo (no conceito da grandeza), enquanto a dinâmica não exige isto de modo algum. Quando se trata da grandeza do extenso, todas as partes têm de ser homogêneas entre si e com o todo; em contrapartida, na conexão da causa e do efeito pode decerto também ser encontrada homogeneidade, mas ela não é necessária, pois em todo caso o conceito da causalidade (pelo qual é posto por algo algo bem diferente desse algo) não a exige.

Se os objetos do mundo sensível fossem tomados por coisas em si mesmas e as leis acima mencionadas por leis das coisas em si mesmas, a contradição seria inevitável. Igualmente, se o sujeito da liberdade fosse representado tal qual os demais objetos como mero fenômeno, a contradição também não poderia ser evitada, pois seria afirmado e negado o mesmo de um mesmo objeto no mesmo sentido e ao mesmo tempo. Se a necessidade natural se relaciona, entretanto, meramente aos fenômenos, enquanto a liberdade [se relaciona] simplesmente às coisas em si mesmas, então não surge nenhuma contradição se se admite ou aceita igualmente ambas as espécies de causalidade, por mais difícil ou impossível que possa ser tornar compreensível a da última espécie.

No fenômeno, cada efeito é um evento ou algo que acontece no tempo; ele tem de ser precedido, de acordo com a lei universal da natureza, por uma determinação da causalidade de sua causa (um estado dele), à qual ela segue segundo uma lei constante. Mas esta determinação da causa à causalidade também tem de ser algo que ocorre ou *acontece*; a causa tem de ter *começado a agir*, pois senão não seria possível pensar uma sequência temporal entre ela e o efeito. / O efeito teria existido desde sempre, assim como a causalidade da causa. Entre fenômenos, portanto, a *determinação* da causa *a agir* também tem de ter surgido, sendo, pois, tanto quanto seu efeito, um evento que por seu turno tem de ter sua causa etc., e sendo, por conseguinte, a necessidade natural a condição segundo a qual as causas eficientes são determinadas. Em contrapartida, se liberdade deve ser uma propriedade de certas causas dos fenômenos, então ela tem de ser, em relação aos últimos como eventos, uma faculdade de começá-los *por si* (*sponte*), isto é, sem que a própria causalidade da causa devesse começar, não sendo por isso necessário nenhum fundamento determinante de seu começo. Mas então *a causa*, segundo sua causalidade, não teria de se encontrar sob determinações temporais de seu estado, isto é, *não* teria de ser *fenômeno*, isto é, ela teria de ser admitida como uma coisa em si mesma, enquanto os *efeitos*, apenas como *fenômenos**. Se é possível pensar sem contradição tal influência dos entes de razão sobre fenômenos, assim decerto estará ligada necessidade natural a toda conexão de causa e efeito no mundo sensível; mas, de outro lado, será concedida liberdade àquela causa que não é ela mesma fenômeno (embora subjaza a ele), podendo natureza e liberdade, portanto, ser atribuídas sem contradição exatamente à mesma coisa, mas em diferentes respeitos, uma vez como fenômeno, a outra como uma coisa em si mesma.

Temos em nós uma faculdade que não está só em conexão com seus fundamentos determinantes subjetivos, que são as causas naturais de suas ações, / sendo nesta medida a faculdade 4:345 de um ser que pertence ele mesmo aos fenômenos, mas também se relaciona a fundamentos objetivos que são apenas ideias, na medida em que eles podem determinar essa faculdade, conexão essa que se expressa por *"dever ser"*. Essa faculdade se chama *razão*, e na medida em que tratamos um ser (o homem) apenas segundo esta razão objetivamente determinável, ele não pode ser tratado como um ser sensível, mas a propriedade pensada é a propriedade de uma coisa em si mesma, cuja possibilidade não podemos compreender de modo algum, a saber, como [é possível que] o *dever ser*, que porventura nunca aconteceu, determine sua atividade e possa ser causa de ações cujo efeito é fenômeno no mundo sensível. Ainda assim, a causalidade da

---

* A ideia da liberdade somente ocorre na relação do *intelectual* como causa com o *fenômeno* como efeito. Por isso não podemos atribuir liberdade à matéria em vista de sua atuação incessante pela qual ela preenche seu espaço, mesmo que esta atuação ocorra por um princípio interno. Tampouco podemos encontrar um conceito de liberdade adequado a entes intelectuais puros, por exemplo, Deus, na medida em que sua ação é imanente. Pois sua ação, mesmo que independente de causas determinantes externas, é ainda assim determinada em sua razão eterna, portanto na *natureza* divina. Somente se *algo* deve *começar* por uma ação, devendo o efeito, portanto, ser encontrado na série temporal, por conseguinte, no mundo sensível (por exemplo, o começo do mundo), somente então se levanta a questão se a própria causalidade da causa também tem de começar, ou se a causa pode começar um efeito sem que sua própria causalidade comece. No primeiro caso, o conceito desta causalidade é um conceito da necessidade natural, no segundo, da liberdade. Disto o leitor concluirá que, ao definir liberdade como a faculdade de começar por si um evento, eu acertei precisamente o conceito que é o problema da metafísica.

razão em vista dos efeitos no mundo sensível seria liberdade, na medida em que *fundamentos objetivos*, que são eles mesmos ideias, seriam considerados em vista dela como determinantes. Pois então sua ação não dependeria de condições subjetivas, tampouco temporais, e logo também não da lei natural que serve para determiná-las, porque fundamentos da razão fornecem universalmente a regra para ações a partir de princípios, sem influência das circunstâncias do tempo ou do lugar.

O que menciono aqui vale apenas como exemplo para a inteligibilidade, não pertencendo necessariamente à nossa questão, a qual tem de ser decidida a partir de simples conceitos, independentemente de propriedades que encontramos no mundo real.

Ora, posso dizer sem contradição: todas as ações de seres racionais na medida em que são fenômenos (são encontradas numa experiência qualquer) se encontram sob a necessidade natural; mas essas mesmas ações, só que em relação ao sujeito racional e sua faculdade de agir segundo simples razão, são livres. Pois o que se requer para a necessidade natural? Nada mais do que a determinabilidade de cada evento do mundo sensível de acordo com leis constantes, portanto uma relação com a causa no fenômeno, no que a coisa em si mesma subjacente e sua causalidade continuam desconhecidas. Mas eu digo: *a lei natural continua*, quer o ser racional seja causa dos efeitos do mundo sensível por razão, portanto por liberdade, quer ele não os determine por fundamentos racionais. Pois, no primeiro caso, a ação ocorre segundo máximas cujo efeito no fenômeno sempre será conforme a leis constantes; no segundo caso, / não ocorrendo a ação segundo princípios da razão, ela está submetida às leis empíricas da sensibilidade; e em ambos os casos os efeitos se conectam segundo leis constantes. Mas não exigimos mais para a necessidade natural, sim, também não conhecemos mais nela. No primeiro caso, no entanto, a razão é a causa dessas leis naturais, sendo pois livre; no segundo caso, os efeitos transcorrem segundo meras leis naturais da sensibilidade porque a razão não exerce influência sobre eles, mas a razão não é por isso determinada ela mesma pela sensibilidade (o que é impossível), sendo por isso livre também neste caso. A liberdade não impede, portanto, a lei natural dos fenômenos, tão pouco quanto essa prejudica a liberdade do uso prático da razão, que se encontra em ligação com coisas em si mesmas como fundamentos determinantes.

Através disso, portanto, é salva a liberdade prática, quer dizer, aquela em que a razão tem causalidade segundo fundamentos determinantes objetivos, sem que seja afetada a necessidade natural em vista justamente dos mesmos efeitos como fenômenos. Isto também pode ser útil para a elucidação daquilo que tínhamos a dizer devido à liberdade transcendental e sua concordância com necessidade natural (no mesmo sujeito, mas não tomadas em uma e mesma relação). Pois, no concernente a essa, cada começo da ação de um ser por causas objetivas, em relação a esses fundamentos determinantes, sempre é um *primeiro começo*, mesmo que a mesma ação seja apenas um *começo subalterno* na série dos fenômenos, o qual tem de ser precedido por um estado da causa que o determina, e que é ele mesmo igualmente determinado por uma causa precedente próxima; de modo que se pode pensar em seres racionais, ou geralmente em seres na medida em que sua causalidade é determinada neles como seres em si mesmos, uma faculdade de começar por si uma série de estados, sem entrar em contradição com leis naturais. Pois a relação da ação com fundamentos racionais objetivos não é uma relação temporal; aquilo que determina a causalidade não precede aqui a ação segundo o tempo, porque tais fundamentos determinantes não representam relação dos objetos aos sentidos, portanto tampouco a causas no fenômeno, mas causas determinantes como coisas em si mesmas que não se encontram sob condições temporais. Assim, a ação pode ser considerada sem contradição como um primeiro começo em vista da causalidade da razão, mas em vista da série / dos fenômenos 4:347 ao mesmo tempo como um começo meramente subordinado, e naquela relação como livre, enquanto nessa como submetida à necessidade natural (visto que é meramente fenômeno).

No que diz respeito à *quarta* antinomia, ela é superada de maneira semelhante à do conflito da razão consigo mesma na terceira. Pois, se a *causa no fenômeno* apenas é distinguida da *causa dos fenômenos* na medida em que é pensada como *coisa em si mesma*, então ambas as proposições podem muito bem subsistir uma ao lado da outra, a saber, que do mundo sensível não se dá em geral nenhuma causa (segundo leis semelhantes da causalidade) cuja existência seja absolutamente necessária, enquanto que, de outro lado, esse mundo está ligado ainda assim a um ser necessário como sua causa (mas de tipo diferente e segundo uma outra lei), baseando-se a incompatibilidade dessas duas proposições apenas no mal-entendido de se estender a coisas em si mesmas aquilo que tem validade apenas para fenômenos e de se misturar em geral ambas em um único conceito.

§ 54.

Esta é então a apresentação e solução de toda a antinomia em que se encontra enredada a razão na aplicação de seus princípios ao mundo sensível, tendo aquela (a simples apresentação) também por si só já um mérito considerável no conhecimento da razão humana, mesmo que a solução desse conflito não tenha satisfeito plenamente o leitor, que aqui tem de combater uma ilusão natural que só recentemente lhe foi apresentada como tal, enquanto antes sempre a tomava como verdadeira. Pois uma consequência disso é decerto inevitável, a saber, que, como é inteiramente impossível sair desse conflito da razão consigo mesma enquanto se toma os objetos do mundo sensível por coisas em si mesmas e não por aquilo que eles de fato são, quer dizer, meros fenômenos, o leitor é forçado com isso a encarar mais uma vez a dedução de todos os nossos conhecimentos *a priori* e o exame daquela que deles forneci, a fim de chegar à decisão acerca disso. Não exijo mais por ora; pois, quando nesta ocupação ele se tiver aprofundado suficientemente na natureza da razão pura, os conceitos pelos quais tão somente é possível 4:348 a solução do / conflito da razão já lhe serão familiares, uma circunstância sem a qual não posso esperar aprovação completa nem do leitor mais atento.

III. Ideia teológica (*Crítica*, p. 571ss.)

§ 55.

A terceira ideia transcendental é o ideal da razão pura, que fornece matéria para o mais importante uso da razão, uso que, no entanto, quando exercido de maneira meramente especulativa, é exorbitante (transcendente) e justamente por isso também dialético. Uma vez que a razão não parte aqui da experiência, como nas ideias psicológica e cosmológica, e é levada pela ampliação dos fundamentos tanto quanto possível à completude absoluta de sua série, mas interrompe completamente e desce de simples conceitos daquilo que constituiria a completude absoluta de uma coisa em geral, portanto mediante a ideia de um ser originário sumamente perfeito, para a determinação da possibilidade, logo também para a realidade de todas as outras coisas, assim aqui a simples pressuposição de um ser que, embora não seja pensado na série da experiência, ainda assim o é em prol dela e da compreensibilidade de sua conexão, ordem e unidade, isto é, a ideia, é mais fácil de distinguir do conceito do entendimento do que nos casos anteriores. Por isso, pôde aqui ser exposta mais facilmente a ilusão dialética que nasce de tomarmos as condições subjetivas de nosso pensamento como condições objetivas das coisas mesmas e uma hipótese necessária para a satisfação de nossa razão como um dogma, e assim não tenho mais o que lembrar acerca das pretensões da teologia transcendental, uma vez que aquilo que a *Crítica* diz sobre isso é compreensível, claro e decisivo.

§ 56. Observação geral sobre as ideias transcendentais

Os objetos que nos são dados por experiência são em vários aspectos incompreensíveis para nós, e muitas questões a que / nos leva a lei natural quando estendida até uma certa altura, mas sempre conforme a esta lei, não podem ser respondidas, por exemplo, por que matérias se atraem reciprocamente. Só que, quando deixamos completamente a natureza ou ultrapassamos toda experiência possível na prossecução de sua conexão, afundando-nos em meras ideias, não podemos dizer que o objeto nos seja incompreensível e que a natureza das coisas nos coloque problemas irresolúveis; pois então não temos que ver de maneira alguma com a natureza ou em geral com objetos dados, mas apenas com conceitos que têm sua origem exclusivamente em nossa razão e com seres imaginários, em vista dos quais todos os problemas oriundos de seu conceito têm de poder ser resolvidos, porque a razão certamente pode e deve prestar conta completa de seu próprio procedimento*. Como as ideias psicológica, cosmológica e teológica são apenas conceitos da razão pura que não podem ser dados em nenhuma experiência, assim as questões que a razão nos coloca em vista delas nos são propostas, não pelos objetos, mas por meras máximas da razão em prol de sua autossatisfação, e têm de poder ser respondidas todas suficientemente, o que ocorre também ao se mostrar que elas são princípios para levar nosso uso do entendimento à geral unanimidade, completude e unidade sintética, tendo validade nesta medida apenas para a experiência, mas para o *todo* dela. Embora um todo absoluto da experiência seja impossível, ainda assim a ideia de um todo da experiência segundo princípios em geral é o que lhe pode conferir um tipo particular de unidade, a saber, a de um sistema, sem a qual nosso conhecimento não seria senão

4:350 fragmento, / não podendo ser usado para o fim supremo (que é sempre apenas o sistema de todos os fins); porém aqui não entendo apenas o fim prático, mas também o fim supremo do uso especulativo da razão.

---

* O Senhor *Platner* diz por isso com perspicácia em seus *Aforismos*, §§ 728 e 729: "Se a razão é um critério, então não é possível nenhum conceito que seja incompreensível à razão humana. – Somente no real se encontra incompreensibilidade. Aqui a incompreensibilidade nasce da insuficiência das ideias adquiridas". Portanto apenas soa paradoxo e não é ademais estranho dizer que na natureza muita coisa nos é incompreensível (por exemplo, a capacidade da reprodução), mas que, quando subimos mais alto ainda e vamos além da própria natureza, tudo volta a nos ser compreensível; pois então deixamos completamente os *objetos* que nos podem ser dados e nos ocupamos tão somente com ideias, nas quais podemos compreender muito bem a lei que a razão prescreve por meio delas ao entendimento, para seu uso na experiência, porque ela é seu próprio produto.

As ideias transcendentais expressam, portanto, a destinação própria da razão, a saber, como um princípio da unidade sistemática do uso do entendimento. Se consideramos, no entanto, essa unidade do modo de conhecimento como inerente ao objeto do conhecimento, se a tomamos por constitutiva, ela que é propriamente apenas reguladora, e nos convencemos que podemos ampliar por essas ideias nosso conhecimento bem além de toda experiência possível, portanto de modo transcendente, quando ela de fato apenas serve para aproximar a própria experiência o quanto possível da completude, isto é, para não limitar seu progresso por nada que não pode pertencer à experiência, então isso é um simples mal-entendido no julgamento da destinação própria de nossa razão e de seus princípios, e uma dialética que, em parte, confunde o uso empírico da razão, em parte, deixa a razão em conflito consigo mesma.

Conclusão: Da determinação dos limites da razão pura
§ 57.

Depois das mais claras demonstrações fornecidas acima, seria absurdo se esperássemos conhecer de qualquer objeto mais do que pertence à experiência possível acerca dele ou ainda se, em relação a uma coisa qualquer que admitimos não ser um objeto de experiência possível, tivéssemos pretensão ao menor conhecimento para determiná-la segundo sua constituição como é em si mesma; pois através do que queremos realizar essa determinação, visto que tempo, espaço e todos os conceitos do entendimento, e muito mais ainda os conceitos obtidos no mundo sensível por intuição empírica ou *percepção*, não têm nem podem ter outro uso a não ser tornar possível simplesmente a experiência; e, se deixamos de lado essa condição mesmo nos conceitos do entendimento puro, eles então não determinam de maneira alguma um objeto e não têm em geral nenhum significado.

Por outro lado, no entanto, seria um absurdo ainda maior se não admitíssemos nenhuma coisa em si mesma ou / se quiséssemos apregoar nossa experiência como único modo de conhecimento possível das coisas, portanto nossa intuição no espaço e 4:351

no tempo como única intuição possível, e nosso entendimento discursivo como protótipo de todo entendimento possível, querendo assim que princípios da possibilidade da experiência sejam tomados por condições universais das coisas em si mesmas.

Se uma cuidadosa crítica não vigiasse os limites de nossa razão também em vista de seu uso empírico e colocasse medida em suas pretensões, nossos princípios que limitam o uso da razão meramente à experiência possível poderiam tornar-se eles mesmos *transcendentes*, tomando os limites de nossa razão por limites da possibilidade das próprias coisas, como podem exemplificar os *Diálogos* de *Hume*. O ceticismo nasceu originalmente da metafísica e de sua dialética sem policiamento. Talvez no início ele tenha declarado nulo e ilusório tudo o que ultrapassa o uso empírico da razão apenas em favor deste; pouco a pouco, entretanto, vendo que são justamente os mesmos princípios *a priori* empregados na experiência que despercebidamente e, ao que parece, precisamente com o mesmo direito levam ainda mais longe do que alcança a experiência, começou-se a duvidar mesmo de princípios da experiência. Mas não há certamente necessidade para tanto, pois o são entendimento decerto sempre afirmará nisto seus direitos; só que nasceu uma certa confusão na ciência, que não pode determinar até onde se pode confiar na razão e por que apenas até ali e não além. Essa confusão só pode ser remediada e qualquer recaída futura prevenida, no entanto, por uma determinação formal e baseada em princípios dos limites do uso de nossa razão.

É verdade: para além de toda experiência possível não podemos fornecer nenhum conceito determinado daquilo que coisas em si mesmas possam ser. Mas mesmo assim, diante da indagação sobre essas, não somos livres para nos abster inteiramente dela, pois a experiência nunca satisfaz plenamente a razão; na resposta às questões, ela nos remete sempre mais para trás e nos deixa insatisfeitos em vista de sua completa resolução, como qualquer um pode ver suficientemente na dialética da razão pura, que justamente por isso tem seu bom fundamento subjetivo. Quem pode afinal suportar que da natureza de nossa alma chegamos à clara consciência do sujeito e ao mesmo tempo à convicção de que seus fenômenos não podem ser explicados *materialisticamente*, / sem perguntar o que é então propriamente a alma e, caso nenhum conceito empírico baste para tanto, admitir em todo caso apenas para este fim um conceito da razão (um ser imaterial simples), mesmo que não possamos estabelecer sua realidade objetiva? Quem pode satisfazer-se com os simples conhecimentos empíricos em todas as questões cosmológicas sobre a duração e grandeza do mundo, a liberdade ou necessidade natural, visto que, como quer que façamos, toda resposta dada segundo princípios da experiência sempre gera uma nova questão, que também quer ser respondida, mostrando assim claramente a insuficiência de toda explicação física para a satisfação da razão? Finalmente, quem não vê, na geral contingência e dependência de tudo aquilo que ele possa pensar e admitir segundo princípios da experiência, a impossibilidade de parar nestes, e não se sente forçado, a despeito de toda proibição de se perder em ideias transcendentes, a procurar repouso e satisfação, para além de todos os conceitos que pode justificar pela experiência, no conceito de um ser cuja ideia não pode decerto ser compreendida em si mesma segundo a possibilidade, embora tampouco refutada, por dizer respeito a um mero ente de razão, sem a qual, no entanto, a razão teria de permanecer para sempre insatisfeita?

Limites (em seres extensos) sempre pressupõem um espaço que se encontra fora de um determinado lugar e o envolve; restrições não precisam disso, mas são meras negações que afetam uma grandeza na medida em que ela não tem completude absoluta. Nossa razão, no entanto, como que vê ao redor de si um espaço para o conhecimento das coisas em si mesmas, apesar de nunca poder ter conceitos determinados delas e estar restrita apenas a fenômenos.

Enquanto o conhecimento da razão é homogêneo, não se pode pensar limites determinados dele. Na matemática e na ciência natural, a razão decerto reconhece restrições, mas não limites, isto é, reconhece decerto que se encontra fora dela algo a que ela nunca pode chegar, mas não que ela mesma em seu avanço interno estará completa em algum lugar. O aumento dos conhecimentos na matemática e a possibilidade de sempre novas invenções vão ao infinito; igualmente a descoberta de novas propriedades da natureza, de novas forças e leis mediante continuada experiência e sua unificação pela razão. Mas também 4:353 aqui não há que ignorar restrições, pois matemática se aplica / tão somente a *fenômenos*, e aquilo que não pode ser objeto da intuição sensível, como os conceitos da metafísica e da moral, encontra-se completamente fora de sua esfera, não podendo ela jamais levar até lá; mas ela também não precisa delas de maneira alguma. Não há, portanto, um contínuo avanço e aproximação a essas ciências e como que um ponto ou linha de contato. Ciência natural nunca nos descobrirá o interior das coisas, isto é, aquilo que não é fenômeno, mas pode servir assim mesmo como fundamento último de explicação dos fenômenos; mas ela também não precisa disso para suas explicações físicas, sim, mesmo que lhe fosse oferecido algo assim em outra parte (por exemplo, influência de seres imateriais), ela deve recusá-lo e não o incluir de modo algum no curso de suas explicações, mas sempre fundamentar estas apenas naquilo que pode pertencer à experiência como objeto dos sentidos e ser conectado com nossas percepções efetivas por meio de leis empíricas.

Somente a metafísica nos leva a limites nos ensaios dialéticos da razão pura (que não são começados arbitrariamente ou de modo proposital, mas induzidos pela natureza da própria razão); e as ideias transcendentais, justo por não poderem ser contornadas e ao mesmo tempo nunca se deixarem realizar, servem não só para nos mostrar efetivamente os limites do uso da razão pura, mas também o modo de determiná-los; e este é também o fim e a utilidade desta disposição natural de nossa razão que produziu a metafísica como seu filho predileto, cuja geração, como qualquer outra no mundo, não deve ser atribuída ao mero acaso, mas a um germe originário organizado sabiamente para grandes fins. Pois, talvez mais do que qualquer outra ciência, a metafísica em seus traços essenciais é colocada em nós pela própria natureza, não podendo ser vista como o produto de uma escolha arbitrária ou mera extensão no progresso das experiências (das quais ela se separa completamente).

A razão, por todos os seus conceitos e leis do entendimento, que lhe são suficientes no uso empírico, portanto no mundo sensível, não encontra nisso, entretanto, por si mesma nenhuma satisfação; pois por questões sempre recorrentes ao infinito lhe é tirada toda esperança de uma completa resolução delas. As ideias transcendentais, que têm essa completude como objetivo, são tais problemas / da razão. Ora, ela vê claramente que o mundo sensível não pode conter essa completude, portanto tampouco todos aqueles conceitos que servem tão somente para o entendimento dele: espaço e tempo e tudo o que apresentamos sob o nome de conceitos do entendimento puro. O mundo sensível não é senão uma cadeia de fenômenos conectados segundo leis universais; ele não tem, portanto, subsistência por si mesmo, ele não é propriamente a coisa em si mesma, relacionando-se assim necessariamente àquilo que contém o fundamento desse fenômeno, a seres que podem ser conhecidos não só como fenômenos, mas como coisas em si mesmas. Somente no conhecimento delas a razão pode esperar ver satisfeita algum dia sua exigência de completude no progresso do condicionado a suas condições. 4:354

Acima (§ 33, 34) indicamos restrições da razão em vista de todo conhecimento de meros entes de razão; agora, uma vez que as ideias transcendentais ainda assim nos tornam necessário o avanço até elas e desse modo apenas levaram como que ao contato do espaço pleno (da experiência) com o vazio (do qual nada sabemos, os númenos), podemos determinar também os limites da razão pura; pois em todo limite há também algo positivo (por exemplo, superfície é o limite do sólido, entretanto também ela um espaço; linha é um espaço que é o limite da superfície, ponto é o limite da linha, mas sempre ainda um lugar no espaço), enquanto restrições contêm apenas negações. As restrições indicadas no mencionado parágrafo não são ainda suficientes, depois de termos descoberto que além delas ainda se encontra algo (embora nunca conheceremos o que ele é em si mesmo). Pois então se pergunta: Como nossa razão se comporta nesta conexão daquilo que conhecemos com o que não conhecemos e tampouco conheceremos jamais? Aqui há uma conexão efetiva do conhecido com um totalmente desconhecido (o que, aliás, sempre permanecerá), e mesmo que nisto o desconhecido também não venha a ser minimamente mais conhecido – como, aliás, de fato não é de esperar –, ainda assim tem de poder ser determinado e tornado claro o conceito dessa conexão.

Devemos, pois, pensar um ser imaterial, um mundo inteligível e um ser supremo (apenas númenos), porque tão somente nestes como coisas em si mesmas a razão encontra completude e satisfação, as quais ela nunca pode esperar na derivação 4:355 dos fenômenos de / seus fundamentos homogêneos, e porque esses se remetem efetivamente a algo diferente deles (portanto totalmente heterogêneo), uma vez que fenômenos sempre pressupõem uma coisa em si mesma e apontam, portanto, para ela, quer se a conheça mais a fundo, quer não.

Como, no entanto, nunca podemos conhecer esses entes de razão segundo aquilo que possam ser em si mesmos, isto é, de maneira determinada, mas mesmo assim temos de admitir tais entes em relação com o mundo sensível, conectando-os com ele pela razão, então poderemos ao menos pensar essa conexão por meio de conceitos tais que expressam sua relação com o mundo sensível. Pois, se pensamos o ente de razão apenas por conceitos do entendimento puro, não pensamos com isto efetivamente nada determinado, sendo nosso conceito, portanto, sem significado; se o pensamos por propriedades tomadas do mundo sensível, então já não é ente de razão, é pensado como um dos fenômenos e pertence ao mundo sensível. Tomemos um exemplo do conceito de ser supremo.

O conceito *deísta* é um conceito totalmente puro da razão, mas que representa apenas uma coisa que contém todas as realidades, sem poder determinar uma única delas, porque para tanto teria de ser tomado o exemplo do mundo sensível, caso em que eu sempre teria que ver apenas com um objeto dos sentidos, e não com algo totalmente heterogêneo, que não pode de maneira alguma ser um objeto dos sentidos. Pois eu lhe atribuiria, por exemplo, entendimento; mas não tenho nenhum conceito de um entendimento a não ser aquele que é como o meu, quer dizer, tal que lhe têm de ser dadas intuições pelos sentidos e que se ocupa em submetê-los a regras da unidade da consciência. Mas então os elementos de meu conceito sempre se encontrariam no fenômeno; só que eu fui obrigado justamente pela insuficiência dos fenômenos a avançar além destes para o conceito de um ser que não é de modo algum dependente de fenômenos ou enredado neles como condições de sua determinação. Mas, se eu separo o entendimento da sensibilidade para obter um entendimento puro, então não resta nada senão a mera forma do pensamento sem intuição, pela qual exclusivamente não posso conhecer nada determinado, portanto, nenhum objeto. Para este fim, eu teria de pensar um outro entendimento, que intuísse os objetos, do qual não tenho, entretanto, o menor conceito, porque o [entendimento] humano é discursivo e só pode conhecer por conceitos gerais. / A mesma coisa me ocorre também quando 4:356 atribuo uma vontade ao ser supremo, pois só tenho esse conceito por tirá-lo de minha experiência interna, no que subjaz, entretanto, minha dependência da satisfação com objetos, cuja existência é indispensável, e, portanto, subjaz sensibilidade, o que contradiz totalmente o conceito puro do ser supremo.

As objeções de *Hume* contra o deísmo são fracas e atingem mais as demonstrações, mas nunca o princípio da própria afirmação deísta. Em relação ao teísmo, no entanto, que haveria de se efetivar por uma ulterior determinação de nosso conceito meramente transcendente do ser supremo, elas são bastante fortes e irrefutáveis em certos casos (de fato, em todos os casos comuns), uma vez que se tenha introduzido esse conceito. *Hume* sempre se atém a isto: que pelo mero conceito de um ser originário, a que atribuímos tão somente predicados ontológicos (eternidade, onipresença, onipotência), não pensamos efetivamente nada determinado, mas teriam de se juntar propriedades que podem fornecer um conceito concretamente; não seria suficiente dizer que ele é causa, mas como sua causalidade é constituída, talvez por entendimento e vontade; e aí começam seus ataques à própria coisa, quer dizer, ao teísmo, quando antes ele tinha atacado apenas os argumentos do deísmo, o que não acarreta muito perigo. Seus argumentos mais perigosos se referem todos ao antropomorfismo, que ele considera inseparável do teísmo, tornando-o contraditório em si mesmo; caso se o deixasse de lado, no entanto, também este cairia com isto, não restando nada senão um deísmo, com o qual não se pode fazer nada e que não nos pode ser útil em nada nem servir como fundamento da religião e dos costumes. Se essa inevitabilidade do antropomorfismo fosse certa, então as demonstrações da existência de um ser supremo poderiam ser o que fossem e mesmo concedidas todas elas, ainda assim o conceito desse ser jamais poderia ser determinado por nós sem nos enredar em contradições.

Se conectamos a proibição de todos os juízos transcendentes da razão pura com a ordem aparentemente oposta de avançar até conceitos que se encontram fora do campo do uso imanente (empírico), então nos damos conta que ambas podem coexistir, mas apenas precisamente em cima do *limite* de todo uso permitido da 4:357 razão; pois esse pertence tanto ao campo / da experiência quanto ao dos entes de razão; e com isto somos ao mesmo tempo instruídos sobre como aquelas ideias tão extraordinárias servem tão somente para a determinação dos limites da razão humana, a saber, por um lado, para não ampliar irrestritamente o conhecimento de experiência, de modo que já não restasse absolutamente nada a ser conhecido por nós senão meramente mundo, e, por outro lado, para também não ir além dos limites da experiência e querer julgar sobre coisas fora dela como coisas em si mesmas.

Mas nos mantemos em cima deste limite quando restringimos nosso juízo apenas à relação que o mundo possa ter com um ser cujo conceito mesmo se encontra fora de todo conhecimento de que somos capazes dentro do mundo. Pois então não atribuímos ao ser supremo nenhuma das propriedades *em si mesmas* pelas quais pensamos objetos da experiência, evitando assim o antropomorfismo *dogmático*; mas mesmo assim as atribuímos à relação dele com o mundo, permitindo-nos um antropomorfismo *simbólico*, o qual de fato diz respeito apenas à linguagem e não ao próprio objeto.

Se digo: "Somos obrigados a ver o mundo *como se* fosse a obra de um entendimento e vontade supremos", não digo efetivamente mais do que: como um relógio, um navio e um regimento se relacionam ao artífice, ao arquiteto e ao comandante, assim o mundo sensível (ou tudo aquilo que constitui o fundamento deste conjunto de fenômenos) se relaciona ao desconhecido que, embora eu não o conheça através disso segundo o que é em si mesmo, ainda assim conheço segundo o que ele é para mim, quer dizer, em vista do mundo de que sou uma parte.

§ 58.

Um conhecimento assim é o [conhecimento] *por analogia*, a qual não significa porventura uma semelhança imperfeita entre duas coisas, como se toma comumente a palavra, mas uma semelhança perfeita de duas relações entre coisas totalmente dessemelhantes*. Por meio / dessa analogia, resta *para nós* ainda um 4:358 conceito suficientemente determinado do ser supremo, embora tenhamos deixado de lado tudo o que poderia *determiná-lo* absolutamente e *em si mesmo*; pois nós o determinamos em relação ao mundo e, portanto, a nós mesmos, e mais também não é necessário. Os ataques que *Hume* faz àqueles que pretendem determinar absolutamente esse conceito não nos atingem; ele tampouco nos pode objetar que já não nos sobra absolutamente nada quando se retira o antropomorfismo objetivo do conceito do ser supremo.

---

* Assim há uma analogia entre a relação jurídica de ações humanas e a relação mecânica das forças motoras: nunca posso fazer algo com um outro sem lhe dar um direito de fazer o mesmo comigo sob as mesmas condições, do mesmo modo que nenhum corpo pode agir sobre um outro com sua força motora sem com isto acarretar que o outro lhe reaja igualmente. Direito e / força motora são aqui coisas totalmente 4:358 dessemelhantes, mas em sua relação há ainda assim semelhança completa. Por meio de tal analogia posso assim fornecer um conceito da relação de coisas que me são absolutamente desconhecidas. Por exemplo, como se relaciona a promoção da felicidade das crianças = a com o amor dos pais = b, assim [se relaciona] o bem-estar do gênero humano = c com o desconhecido em Deus = x que chamamos de amor; não que tivesse a menor semelhança com qualquer inclinação humana, mas porque podemos assemelhar sua relação ao mundo com aquela que as coisas do mundo têm entre si. O conceito da relação, entretanto, não é aqui uma simples categoria, a saber, o conceito da causa, que não tem nada que ver com sensibilidade.

Pois, se nos é concedido inicialmente apenas como uma hipótese necessária o conceito *deísta* do ser originário (como *Hume*, aliás, faz em seus *Diálogos*, na pessoa de Philo contra Cleanthes), no qual se pensa o ser originário mediante predicados puramente ontológicos de substância, causa etc. (*o que temos de fazer*, porque a razão, impelida no mundo sensível por meras condições que sempre são condicionadas por seu turno, não pode sem isso de maneira alguma obter satisfação; e *o que também podemos fazer oportunamente*, sem cair no antropomorfismo que transfere predicados do mundo sensível para um ser totalmente distinto do mundo, uma vez que aqueles predicados são simples categorias, as quais não fornecem um conceito determinado dele, mas justo por isso tampouco nenhum [conceito] restrito a condições da sensibilidade), então nada nos pode impedir de predicar desse ser uma *causalidade por razão* em relação ao mundo e assim avançar para o teísmo, sem ser obrigado propriamente a lhe atribuir em si mesmo essa razão como uma propriedade inerente a ele. Pois, no que diz respeito ao *primeiro*, é o único caminho possível para impulsionar o uso da razão, / em vista de toda experiência possível no mundo sensível, ao grau máximo mas coerente consigo mesma, quando se admite ainda uma razão suprema como uma causa de todas as conexões no mundo; um princípio assim tem de lhe ser de fora em fora vantajoso, e não a pode prejudicar em seu uso natural onde quer que seja. *Em segundo lugar*, entretanto, não se transfere com isto a razão como propriedade ao ser originário em si mesmo, mas apenas *à relação* dele com o mundo sensível, evitando-se assim completamente o antropomorfismo. Pois aqui se considera tão somente a *causa* da forma racional que se encontra por toda parte no mundo, atribuindo-se decerto razão ao ser supremo, na medida em que ele contém o fundamento dessa forma racional do mundo, mas apenas segundo a analogia, isto é, na medida em que essa expressão indica apenas a relação que a causa suprema desconhecida tem com o mundo, para determinar neste tudo conforme a razão no grau máximo. Através disso, dispõe-se então que não usemos a propriedade da razão para pensar Deus, mas para pensar mediante ela o mundo tal como é necessário para ter o máximo uso da razão em vista dele, segundo um princípio. Admitimos com isto que, no tocante ao que seja em si mesmo, o ser supremo nos é inteiramente imperscrutável e *de certo modo* até mesmo impensável; e assim somos impedidos de fazer um uso transcendente dos conceitos que temos da razão como uma causa eficiente (por meio da vontade), para determinar a natureza divina por propriedades que sempre são tiradas apenas da natureza humana, perdendo-nos em conceitos grosseiros e quiméricos, mas, por outro lado, tampouco para inundar com explicações hiperfísicas a cosmologia segundo nossos conceitos da razão humana transferidos a Deus, afastando-a de sua destinação própria, segundo a qual ela deve ser um estudo da simples natureza pela razão, e não uma dedução desmesurada de seus fenômenos a partir de uma razão suprema. A expressão adequada a nossos frágeis conceitos será que pensamos o mundo *como se* procedesse de uma razão suprema segundo sua existência e determinação interna, pelo que, em parte, conhecemos a constituição que lhe compete como mundo, sem pretender, todavia, determinar em si mesma a [constituição] de sua causa, em parte, por outro lado, colocamos *na relação* da causa suprema com o mundo o fundamento dessa constituição (da forma racional / do mundo), sem considerar para tanto o mundo suficiente por si mesmo*. 4:360

Desta maneira, as dificuldades que parecem opor-se ao teísmo somem ao se ligar ao princípio de *Hume*, de não estender dogmaticamente o uso da razão além do campo de toda experiência possível, um outro princípio, totalmente ignorado por *Hume*, a saber, de não considerar o campo da experiência possível como aquilo que aos olhos de nossa razão se limitaria a si mesmo. A crítica da razão marca aqui a verdadeira via interme-

---

* Direi: "A causalidade da causa suprema é em relação ao mundo aquilo que a razão humana é em relação a seus artefatos". Nisto me permanece desconhecida a natureza da própria causa suprema; eu apenas comparo seu efeito por mim conhecido (a ordem do mundo) e sua conformidade à razão com os efeitos por mim conhecidos da razão humana, e por isso chamo aquela de razão, sem lhe atribuir já como sua propriedade aquilo que entendo por esta expressão no homem, ou outra coisa qualquer por mim conhecida.

diária entre o dogmatismo, que *Hume* combatia, e o ceticismo, que ele queria introduzir em contrapartida, uma via intermediária que não se aconselha determinar-se a si mesma quase que mecanicamente (um pouco de um e um pouco de outro), como acontece em outras vias intermediárias, mas uma que se pode determinar precisamente segundo princípios.

§ 59.

Lancei mão, no começo desta observação, da imagem de um *limite*, para fixar as restrições da razão em vista de seu uso adequado. O mundo sensível contém apenas fenômenos, que certamente não são coisas em si mesmas, as quais (númenos) o entendimento tem de admitir, portanto, justamente porque reconhece os objetos da experiência como meros fenômenos. Em nossa razão, ambos são compreendidos juntos, e se pergunta: como a razão procede para limitar o entendimento em vista de ambos os campos? A experiência, que contém tudo o que pertence ao mundo sensível, não se limita a si mesma: ela chega de cada condicionado sempre apenas a um outro condicionado. Aquilo que deve limitá-la tem de se encontrar completamente fora dela, e este é o campo dos puros entes de razão. Mas este é para nós um espaço vazio na medida em que se trata da *deter-*

4:361 *minação* da natureza desses entes de razão, / e nesta medida não podemos ir além do campo da experiência possível quando se visam conceitos determinados dogmaticamente. Como, no entanto, um limite também é algo positivo, que pertence tanto ao que se encontra dentro dele quanto ao espaço que se encontra fora de um dado conjunto, assim se trata decerto de um conhecimento positivo efetivo de que a razão só participa por se estender até esse limite, mas de maneira tal que não tenta ir além desse limite, porque lá encontra diante de si um espaço vazio, no qual ela pode certamente pensar formas para coisas, mas não coisas mesmas. Mas a *limitação* do campo da experiência por algo que lhe é geralmente desconhecido é sempre um conhecimento que resta à razão neste ponto de vista, pelo qual ela não fica contida dentro do mundo sensível nem tampouco devaneia fora dele, mas se restringe apenas à relação daquilo que se encontra fora dele àquilo que está contido nele, como cabe a um conhecimento do limite.

A teologia natural é um conceito assim em cima do limite da razão humana, em que ela se vê forçada a considerar a ideia de um ser supremo (e, numa relação prática, também a de um mundo inteligível), não para determinar algo acerca deste mero ente de razão, portanto, fora do mundo sensível, mas apenas para orientar seu próprio uso dentro dele segundo princípios da máxima unidade possível (tanto teórica quanto prática), valendo-se para este fim da relação dele a uma razão autossubsistente como a causa de todas essas conexões, porém sem por isso *inventar* meramente um ente, mas, dado que fora do mundo sensível tem de poder ser encontrado necessariamente algo apenas pensado pelo entendimento, para *determiná*-lo apenas dessa maneira, embora certamente apenas segundo a analogia.

Desta maneira, subsiste nossa proposição anterior, resultado de toda a crítica: "a razão, por todos os seus princípios *a priori*, nunca nos ensina mais do que simplesmente objetos de experiência possível e destes também não mais do que pode ser conhecido na experiência"; mas esta restrição não impede que ela nos leve até o *limite* objetivo da experiência, a saber, até *a relação* a algo que não é ele mesmo objeto da experiência, mas ainda assim tem de ser o fundamento último de todos os objetos da experiência, sem nos ensinar, contudo, acerca dele algo em si, mas apenas em relação a seu próprio uso, completo e / voltado para o fim supremo, no campo da experiência. Mas este é também todo o proveito que se pode nisto desejar razoavelmente e com o qual se tem motivo para ficar satisfeito. 4:362

§ 60.

Assim, apresentamos detalhadamente segundo sua possibilidade subjetiva a metafísica como é dada efetivamente *na disposição natural* da razão humana, e isto naquilo que constitui o propósito essencial de sua elaboração. Porém, como encontramos também que este uso *meramente natural* de tal disposição de nossa razão, quando nenhuma disciplina (possível tão somente por crítica científica) a refreia e restringe, enreda a razão em conclusões transcendentes *dialéticas*, em parte apenas ilusórias, em parte até conflitantes entre si, sendo essa metafísica racionalizante ademais desnecessária ou até mesmo prejudicial à promoção do conhecimento da natureza: assim sempre continua sendo uma tarefa merecedora de investigação encontrar os *fins naturais* visados por essa disposição a conceitos transcendentes em nossa natureza, porque tudo o que se encontra na natureza tem de estar disposto originalmente para algum propósito útil.

Uma investigação assim é de fato duvidosa; também admito que é apenas conjectura, como tudo o que diz respeito aos fins últimos da natureza, o que sei dizer sobre isso, e que me será permitido somente neste caso, em que a questão não se refere à validade objetiva dos juízos metafísicos, mas à disposição natural para eles, situando-se por isso fora do sistema da metafísica na antropologia.

Quando junto todas as ideias transcendentais, cujo conteúdo constitui a tarefa própria da razão pura natural, a qual a força a deixar a mera observação da natureza e ir além de toda experiência possível, realizando neste esforço a coisa chamada metafísica (seja conhecimento, seja sofística), acredito perceber que essa disposição natural tem como propósito desprender nosso conceito das amarras da experiência e das restrições da mera observação da natureza, a ponto de ele ver diante de si ao menos um campo que contém apenas objetos da razão pura que não podem ser alcançados pela sensibilidade, não decerto na intenção de nos ocuparmos deles especulativamente (porque 4:363 não encontramos nenhum chão / em que possamos tomar pé), mas para que [possam ser admitidos ao menos como possíveis] princípios práticos, que sem encontrar diante de si tal espaço para sua necessária expectativa e esperança não poderiam estender-se até a universalidade de que a razão precisa absolutamente em perspectiva moral.

Aí considero então que a ideia *psicológica*, por menos que eu compreenda através dela a natureza pura e acima de todos os conceitos empíricos da alma humana, mostra ao menos a insuficiência dos últimos e me afasta assim do materialismo como um conceito psicológico que não se presta a nenhuma explicação da natureza e que ademais estreita a razão em perspectiva moral. Também as ideias *cosmológicas*, pela insuficiência de todo conhecimento possível da natureza para satisfazer a razão em seu questionamento legítimo, servem para nos afastar do naturalismo, que quer fazer passar a natureza como suficiente por si mesma. Finalmente, como toda necessidade natural sempre é condicionada, por sempre pressupor dependência das coisas em relação a outras, e a necessidade incondicionada tem de ser buscada apenas na unidade de uma causa distinta do mundo sensível, mas a causalidade dessa, por sua vez, caso fosse meramente natureza, nunca poderia tornar compreensível a existência do contingente como sua consequência, assim a razão se livra por meio da ideia *teológica* do fatalismo, tanto da necessidade natural cega na conexão da própria natureza sem primeiro princípio quanto também na causalidade deste mesmo princípio, levando ao conceito de uma causa por liberdade, portanto, de uma inteligência suprema. Assim, as ideias transcendentais servem, mesmo que não para nos instruir, ainda assim para superar as posições atrevidas do *materialismo*, do *naturalismo* e do *fatalismo*, que estreitam o campo da razão, e para abrir assim espaço para as ideias morais fora do campo da especulação; e me parece que isto explicaria em certa medida aquela disposição natural.

A utilidade prática que uma ciência meramente especulativa pode ter se encontra fora dos limites desta ciência, e só pode, portanto, ser vista como um escólio, não sendo parte da própria ciência, como todo escólio. Mesmo assim, esta relação se encontra ao menos dentro dos limites da filosofia, sobretudo daquela que bebe de fontes da razão pura, onde o uso especulativo da razão na metafísica tem de estar necessariamente unido ao prático na moral. / Por isso, a dialética inevitável da razão pura numa metafísica considerada como disposição natural merece ser explicada, quando se pode, não meramente como uma ilusão que deve ser desfeita, mas também como *estabelecimento da natu-*

reza segundo seu fim, embora não se possa com razão cobrar da própria metafísica esta tarefa, por ir além de seus méritos.

Teria de ser tomado por um segundo escólio, porém mais ligado ao conteúdo da metafísica, a solução das questões que se seguem na *Crítica* da página 642 até 668. Pois ali se expõem certos princípios da razão que determinam *a priori* a ordem da natureza, ou melhor, o entendimento, que deve procurar as leis dela pela experiência. Eles parecem ser constitutivos e legisladores em relação à experiência, embora nasçam da simples razão, a qual não pode ser vista como um princípio da experiência possível, tal qual o entendimento. Se essa concordância se fundamenta então em que, assim como a natureza não está ligada em si mesma aos fenômenos ou à sua fonte, [quer dizer], à sensibilidade, mas é encontrada apenas na relação da última ao entendimento, assim também a unidade sistemática de seu uso em prol de uma experiência possível em conjunto (num sistema) só pode pertencer a esse entendimento mediante sua relação com a razão, estando, pois, também a experiência mediatamente sob a legislação da razão, isto pode ser ponderado ulteriormente por aqueles que querem investigar a natureza da razão também fora de seu uso na metafísica, inclusive nos princípios universais de uma história natural, para torná-la sistemática em geral; pois, embora tenha apresentado como importante esta tarefa na própria obra, não ensaiei sua solução[*].

4:365 / E assim termino a resolução analítica da questão principal por mim colocada sobre como é possível metafísica em geral, tendo subido daquilo em que seu uso é dado efetivamente, ao menos nas consequências, para os fundamentos de sua possibilidade.

---

[*] Foi minha intenção permanente na *Crítica* não esquecer nada que pudesse levar à completude a investigação da natureza da razão pura, por mais escondido que estivesse. Posteriormente, fica a critério de cada qual até onde ele quer levar sua investigação, desde que lhe tenha sido indicado qual ainda possa ser feita; pois isto se pode esperar com razão daquele que assumiu a tarefa de medir todo este campo, para depois deixá-lo aos outros para o futuro cultivo e distribuição aleatória. Pertencem a isto também ambos os escólios, que devido à sua aridez decerto dificilmente hão de se recomendar aos apreciadores, tendo sido introduzidos, por isso, apenas para os conhecedores.

— SOLUÇÃO DA QUESTÃO GERAL — DOS PROLEGÔMENOS

COMO É POSSÍVEL METAFÍSICA COMO CIÊNCIA?

Metafísica como disposição natural da razão existe efetivamente, mas por si só ela também é dialética e enganadora (como mostrou a solução analítica da terceira questão principal). Querer tirar dela, portanto, os princípios e em seu uso seguir à ilusão decerto natural, mas não menos falsa, nunca pode produzir ciência, mas apenas vão artifício dialético, no qual uma escola supera as outras, sem conseguir jamais, entretanto, uma aprovação legítima e duradoura.

Para que possa então levantar como ciência uma pretensão, não meramente à persuasão enganadora, mas à compreensão e convicção, uma crítica da razão tem de apresentar ela mesma o estoque completo dos conceitos *a priori*, sua divisão segundo as diversas fontes, a sensibilidade, o entendimento e a razão; além disso, uma tabela completa deles e uma análise de todos esses conceitos com tudo o que pode ser inferido daí, mas depois sobretudo a possibilidade do conhecimento sintético *a priori*, por meio da dedução desses conceitos, os princípios de seu uso, finalmente também os limites deste uso, mas tudo em um sistema completo. Portanto a crítica, e somente ela, contém em si o plano completo bem-testado e aprovado, sim, até mesmo todos os meios da execução, de acordo com os quais a metafísica pode ser realizada como ciência; ela é impossível por outros caminhos e meios. Por isso, não se pergunta aqui tanto como este negócio é possível, mas apenas como pode ser posto em andamento, e como boas cabeças podem ser movidas do precedente tratamento errado e infrutífero para um indefectível, e como uma reunião assim pode ser dirigida da forma mais conveniente ao fim comum.

4:366   / Tanto é certo: quem experimentou uma vez a crítica, a este repugna todo palavreado dogmático com que se contentou anteriormente por necessidade, porque sua razão precisava algo e não conseguia encontrar nada melhor para entretê-la. A crítica se relaciona com a metafísica escolástica comum como a *química* com a *alquimia*, ou como a *astronomia* com a *astrologia* divinatória. Estou convencido de que ninguém que refletiu e compreendeu os princípios da crítica, mesmo que só nestes prolegômenos, voltará jamais àquela velha e sofística ciência ilusória; antes ele olhará com um certo deleite para uma metafísica que agora com certeza está em seu poder, que já não carece também de descobertas preparatórias e que pela primeira vez pode trazer satisfação duradoura à razão. Pois este é um mérito com que somente a metafísica pode contar confiante entre todas as ciências possíveis, que ela pode ser levada à completude e ao estado permanente em que ela já não precisa modificar-se, não sendo tampouco capaz de nenhum aumento por novas descobertas; porque aqui a razão tem as fontes de seu conhecimento, não nos objetos e sua intuição (pela qual ela já não pode ser instruída ulteriormente), mas em si mesma, e, quando ela expôs de maneira completa e determinada contra qualquer mal-entendido as leis fundamentais de sua faculdade, não resta nada que a razão pura pudesse conhecer *a priori*, sim, até mesmo pudesse perguntar com fundamento. A perspectiva segura de um saber tão determinado e concluído traz consigo um estímulo particular, mesmo que se coloque de lado toda utilidade (de que ainda falarei adiante).

Toda falsa arte, toda falsa sabedoria dura seu tempo; pois finalmente ela se destrói a si mesma, sendo sua máxima cultura ao mesmo tempo o momento de seu declínio. Que agora chegou este tempo no concernente à metafísica, mostra o estado em que ela decaiu entre todos os povos letrados, apesar de todo o empenho com que são cultivadas no geral ciências de toda espécie. A velha organização dos estudos universitários ainda mantém sua sombra, uma única academia das ciências ainda mobiliza de vez em quando por prêmios instituídos para que se faça um ou outro ensaio nela, mas ela já não conta entre as ciências sólidas, e cada qual pode julgar por si mesmo como um homem de espírito, que alguém quisesse chamar de um grande metafísico, porventura haveria de receber esse elogio bem-intencionado, mas não invejado por praticamente ninguém.

/ Mesmo que o tempo da decadência de toda metafísica dog- 4:367
mática esteja sem dúvida aí, falta muito ainda para poder dizer, em contrapartida, que já surgiu o tempo de seu renascimento mediante uma fundamental e completa crítica da razão. Todas as passagens de uma inclinação para a que lhe é oposta passam pelo estado da indiferença, e este momento é o mais perigoso para um autor, mas também, como me parece, o mais favorável para a ciência. Pois, quando se esgotou o espírito de partido pela total ruptura das conexões anteriores, os ânimos estão na melhor disposição para ouvir pouco a pouco propostas de conexão segundo um outro plano.

Se digo que espero destes prolegômenos que eles porventura agitarão a investigação no campo da crítica e oferecerão ao espírito universal da filosofia, ao qual parece faltar alimento em sua parte especulativa, um novo e bastante promissor objeto para se entreter, então consigo imaginar já de antemão que cada um que os caminhos espinhosos a que o levei na *Crítica* deixaram irritado e enfastiado me perguntará em que eu baseio então essa esperança. Respondo: *na lei irresistível da necessidade*.

Que o espírito do homem algum dia abandone completamente investigações metafísicas não é de esperar mais do que nós, para não inspirar sempre ar impuro, algum dia simplesmente paremos de respirar. Portanto sempre haverá no mundo e, mais ainda, em cada homem, sobretudo no pensativo, metafísica, a qual, na falta de um padrão público, cada um costurará à sua maneira. Ora, aquilo que até agora se chamou de metafísica não pode satisfazer a uma cabeça examinadora, mas também é impossível renunciar completamente a ela; portanto tem de ser *tentada* finalmente uma crítica da razão pura, ou, caso haja uma, tem de ser *investigada* e submetida a um exame geral, porque não há outro meio de remediar essa necessidade urgente, que é algo mais do que mera curiosidade.

Desde que conheço crítica, não pude evitar de perguntar no fim da leitura de um escrito de conteúdo metafísico que me entreteve tanto quanto me cultivou pela determinação de seus conceitos, pela multiplicidade e ordem, além de uma exposição 4:368 fácil: / *este autor afinal levou a metafísica um passo adiante*? Peço perdão aos homens eruditos cujos escritos me foram úteis em outros aspectos e sempre contribuíram para a cultura das forças do ânimo, porque admito que não pude encontrar em seus escritos nem em meus ensaios menores (em favor dos quais fala certamente o amor-próprio) que através deles a ciência tenha sido minimamente levada adiante, e isto decerto pela razão bem natural de que a ciência ainda não existia e não pode também ser juntada aos pedaços, mas que seu embrião tem de estar pré-formado completamente na crítica. Para evitar qualquer mal-entendido, entretanto, é preciso lembrar bem do precedente que pelo tratamento analítico de nossos conceitos o entendimento é certamente utilizado bastante, mas a ciência (da metafísica) não é minimamente levada adiante por isso, porque toda análise dos conceitos apenas constitui materiais com que primeiro deve ser construída ciência. Assim, pode-se analisar e determinar lindamente o conceito de substância e acidente; isto é muito bom como preparação para um uso futuro qualquer. Mas, se não posso demonstrar que em tudo o que existe a substância permanece, mudando apenas os acidentes, então a ciência não foi avançada minimamente por toda aquela análise. Ora, até agora a metafísica não pôde demonstrar como válida *a priori* nem essa proposição nem a proposição da razão suficiente, muito menos qualquer proposição composta, como, por exemplo, uma pertencente à psicologia ou cosmologia, e em geral nenhuma proposição sintética; logo, por toda aquela análise, não se logrou nada e nada foi realizado ou promovido, estando a ciência, depois de tanto tumulto e barulho, sempre ainda onde esteve no tempo de Aristóteles, embora os arranjos para tanto tenham sido feitos sem dúvida muito melhor do que em geral, se apenas se tivesse encontrado o fio para conhecimentos sintéticos.

Se alguém se acha ofendido por isso, ele pode facilmente desfazer essa acusação, apresentando apenas uma única proposição sintética pertencente à metafísica que ele se propõe a demonstrar *a priori* de maneira dogmática; pois somente se ele cumprir isso, concederei que ele efetivamente fez a ciência avançar, mesmo que essa proposição seja também suficientemente confirmada pela experiência comum. Nenhuma exigência pode ser mais moderada e equitativa, e, no caso do não cumprimento (inevitavelmente certo), nenhuma sentença / mais justa do que 4:369 esta: que metafísica como ciência até agora ainda não existiu de maneira alguma.

No caso de ser aceito o desafio, tenho de recusar duas coisas: em primeiro lugar, o jogo de *probabilidade* e conjectura, que cai tão mal à metafísica quanto à geometria; em segundo lugar, a decisão por meio da varinha mágica do assim chamado *sadio entendimento humano*, a qual não funciona com qualquer um, mas se orienta por propriedades pessoais.

Pois, *no concernente ao primeiro*, certamente não pode ser encontrado nada mais absurdo do que, em uma metafísica, em uma filosofia da razão pura, querer fundamentar seus juízos em probabilidade e conjectura. Tudo o que deve ser conhecido *a priori* é dado justamente por isto como apodicticamente certo, e também tem de ser demonstrado assim. Poder-se-ia igualmente querer fundamentar uma geometria ou aritmética em conjecturas; pois, no que diz respeito ao *calculus probabilium* das últimas, ele não contém juízos prováveis, mas juízos bem certos sobre o grau da possibilidade de certos casos, sob dadas condições semelhantes, que na soma de todos os casos possíveis têm de ocorrer infalivelmente de acordo com a regra, mesmo que esta não seja suficientemente determinada em vista de cada caso singular. Somente na ciência natural empírica podem ser toleradas conjecturas (mediante a indução e analogia), mas ainda assim de maneira tal que ao menos a possibilidade daquilo que eu presumo tem de ser inteiramente certa.

Com *o apelo ao são entendimento humano* quando trata de conceitos e princípios, não na medida em que devem ser válidos em vista da experiência, mas na medida em que pretendem ser válidos também fora das condições da experiência, o caso é possivelmente ainda pior. Pois o que é o *são entendimento*? É o *entendimento comum* na medida em que julga corretamente. E o que é então o entendimento comum? É a faculdade do conhecimento e do uso das regras *in concreto*, em distinção ao *entendimento especulativo*, que é uma faculdade do conhecimento das regras *in abstracto*. Assim, o entendimento comum mal poderá entender, mas jamais compreender assim no geral a regra: que tudo o que acontece é determinado por intermédio de sua causa. Ele exige por isso um exemplo da experiência, e, quando ouve que isso nada mais significa do que aquilo que ele sempre pensou quando lhe quebrou um vidro / ou sumiu um utensílio doméstico, ele entende o princípio e também o admite. O entendimento comum não tem, portanto, nenhum outro uso a não ser na medida em que pode ver suas regras confirmadas na experiência (embora elas lhe estejam presentes *a priori*); compreendê-las *a priori* e independentemente da experiência cabe, portanto, ao entendimento especulativo, encontrando-se completamente fora do campo de visão do entendimento comum. Ora, metafísica só tem a ver com o conhecimento da última espécie, sendo certamente um mau sinal para um entendimento sadio apelar a um fiador que aqui não tem juízo algum e que em geral é tratado apenas com desprezo, exceto quando se está em apuros e não se sabe como se orientar nem se ajudar em sua especulação.

4:370

É um subterfúgio comum de que costumam se valer os falsos amigos do entendimento humano comum (os quais ocasionalmente o elogiam, mas comumente o desprezam) dizer: mas finalmente têm de existir algumas proposições que são imediatamente certas, das quais não só não se precisa dar uma demonstração, mas em geral tampouco uma justificação, porque senão nunca se chegaria ao fim com os fundamentos de seus juízos; para a demonstração dessa autorização, no entanto, eles nunca conseguem aduzir (além do princípio de contradição, que não é suficiente, entretanto, para estabelecer a verdade de juízos sintéticos) algo indubitável, que eles possam atribuir imediatamente ao entendimento humano comum, a não ser proposições matemáticas: por exemplo, que duas vezes dois dá quatro, que entre dois pontos só há uma linha reta etc. Mas isto são juízos que são muito diferentes dos da metafísica. Pois na matemática posso fazer (construir) por meu próprio pensamento tudo aquilo que represento como possível através de um conceito: eu adiciono consecutivamente a um dois o outro dois e faço eu mesmo o número quatro, ou traço em pensamento todo tipo de linhas de um ponto ao outro, e só posso traçar uma única que seja semelhante a si mesma em todas as suas partes (tanto pares quanto ímpares). Do conceito de uma coisa, no entanto, não posso extrair por nenhuma força do meu pensamento o conceito de algo diferente cuja existência esteja conectada necessariamente ao primeiro, mas tenho de recorrer à experiência, e, mesmo que meu entendimento me forneça *a priori* (mas sempre apenas em relação à experiência possível) o conceito de tal conexão (causalidade), não posso, ainda assim, / apresentá-lo *a priori* na intuição, como os conceitos da matemática, mostrando assim *a priori* sua possibilidade, mas esse conceito, junto com os princípios de sua aplicação, sempre precisa – se deve ser válido *a priori*, como é exigido na metafísica – de uma justificação e dedução de sua possibilidade, porque do contrário não se sabe até onde ele é válido, e se ele pode ser usado apenas na experiência ou também fora dela. Portanto, nunca podemos apelar ao entendimento humano comum na metafísica, como uma ciência especulativa da razão pura, mas decerto quando se é obrigado a deixá-la renunciar (em certas ocasiões) a todo conhecimento especulativo, que sempre tem de ser um saber, portanto também à própria metafísica e seu ensinamento, e somente uma fé racional nos é possível, sendo considerada também suficiente para a nossa necessidade (talvez até mais salutar do que o próprio saber). Pois então a coisa mudou completamente. Metafísica tem de ser ciência, não só no todo, mas também em todas as suas partes, do contrário ela não é nada; porque ela, como especulação da razão pura, não tem outro apoio a não ser em conhecimentos universais. Além dela, no entanto, probabilidade e são entendimento humano podem muito bem ter seu uso profícuo e legítimo, mas de acordo com princípios inteiramente próprios, cujo peso sempre depende da relação com o prático.

É isso que me considero no direito de exigir para a possibilidade de uma metafísica como ciência.

Apêndice sobre o que pode acontecer para tornar real metafísica como ciência.

Dado que todos os caminhos tentados até agora não alcançaram este objetivo, o qual ademais certamente nunca será alcançado sem uma precedente crítica da razão pura, assim não parece exagerada a exigência de submeter a tentativa agora apresentada a um exame preciso e cuidadoso, a não ser que se tenha por ainda mais prudente melhor abandonar inteiramente todas as pretensões à metafísica, em cujo caso não há nada a objetar, 4:372 desde que se fique fiel a seu propósito. / Se tomamos as coisas como de fato ocorrem, e não como deveriam ocorrer, então há dois tipos de juízos: um *juízo que precede a investigação*, como é em nosso caso aquele que o leitor, a partir de sua própria metafísica, profere acerca da crítica da razão pura (que deve antes investigar a possibilidade daquela); e depois um outro *juízo que se segue à investigação*, em que o leitor é capaz de deixar de lado as consequências das investigações críticas que se chocam bastante com sua metafísica já adotada, examinando antes os fundamentos de que possam ser derivadas aquelas consequências. Se aquilo que a metafísica comum propõe fosse decididamente certo (algo como geometria), então o primeiro modo de julgar seria válido; pois, se as consequências contradizem certos princípios de verdades decididas, então aqueles princípios são falsos e devem ser rejeitados sem qualquer investigação ulterior. Se não é o caso, entretanto, de que a metafísica tenha um estoque de proposições (sintéticas) indiscutivelmente certas, mas talvez até seja o caso de que muitas delas, tão aparentes quanto as melhores dentre elas, ainda assim se contradizem em suas consequências, não se encontrando nela em geral nenhum critério seguro da verdade de proposições (sintéticas) propriamente metafísicas, então o precedente modo de julgar não pode ocorrer, mas a investigação dos princípios da crítica tem de preceder a todo juízo sobre seu valor ou desvalor.

Amostra de um juízo sobre a crítica o qual precede a investigação.

Um juízo deste tipo se encontra na *Göttingische Gelehrte Anzeigen*, no suplemento do terceiro número, de 19 de janeiro de 1782, páginas 40 e seguintes.

Quando um autor que conhece bem seu objeto e esteve empenhado em investir constantemente reflexão própria em seu tratamento cai nas mãos de um resenhista que, por seu turno, é suficientemente perspicaz para encontrar os momentos em que se baseia propriamente o valor ou desvalor do escrito, e que não se aferra a palavras, mas vai atrás dos assuntos, não se limitando a olhar e examinar os princípios de que partiu o autor, então o rigor do juízo pode decerto desagradar ao último, mas deixa o público indiferente, / pois ganha com isto; e o próprio autor pode ficar satisfeito por ganhar a oportunidade de corrigir e esclarecer seus escritos examinados tão cedo por um conhecedor, afastando desta maneira a tempo, caso acredite ter no fundo razão, a pedra de escândalo que no futuro poderia tornar-se prejudicial a seu escrito. 4:373

Encontro-me numa situação bem diferente com meu resenhista. Ele parece não compreender de modo algum do que se tratava propriamente na investigação de que me ocupei (feliz ou infelizmente); e seja então impaciência de estudar uma obra extensa ou mau humor diante da ameaça de uma reforma de uma ciência em que ele acreditava ter deixado tudo às claras há muito tempo ou, o que suponho a contragosto, um conceito realmente limitado aquilo que é culpado por ele não ser capaz de pensar para além de sua metafísica escolar, em resumo, ele precipitadamente passa em revista uma longa série de proposições, nas quais não se pode pensar nada sem conhecer suas premissas, espalha vez ou outra sua dúvida, da qual o leitor vê o fundamento tão pouco quanto entende as proposições contra as quais ela se dirige, não podendo, pois, nem servir de informação ao público nem me prejudicar o mínimo que seja no juízo do conhecedor; por isto, eu teria ignorado completamente esta crítica se não me tivesse dado ocasião para alguns esclarecimentos que poderão resguardar o leitor destes prolegômenos de mal-entendidos em alguns casos.

Para que o resenhista adote, no entanto, um ponto de vista a partir do qual pode visualizar da maneira mais fácil toda a obra de um modo desfavorável ao autor, ele começa e também termina dizendo: "Esta obra é um sistema do idealismo transcendental (ou, como ele traduz, superior[*])".

4:374 / Olhando estas linhas, logo vi que resenha sairia dali, mais ou menos como se alguém, que nunca tivesse ouvido ou visto algo de geometria, encontrasse um *Euclides* e fosse solicitado a emitir um juízo sobre isto, dissesse, depois de ter topado com muitas figuras ao folhear a obra, algo assim: "O livro é um método sistemático para o desenho: o autor se vale de uma linguagem peculiar para dar instruções obscuras e ininteligíveis que no fim não podem trazer mais do que qualquer um pode realizar mediante uma boa estimação visual natural etc.".

Mas vamos ver então que tipo de idealismo é este que atravessa toda a minha obra, mesmo que esteja longe de constituir a alma do sistema.

A proposição de todos os idealistas autênticos, desde a escola eleata até o bispo *Berkeley*, está contido nesta fórmula: "Todo conhecimento pelos sentidos e pela experiência não é mais do que pura ilusão, e verdade só se encontra nas ideias do entendimento puro e da razão pura".

A proposição fundamental que rege e determina de fora a fora meu idealismo é, ao contrário: "Todo conhecimento de coisas a

---

[*] De jeito nenhum do *superior*. Altas torres e os homens metafisicamente grandes que a elas se assemelham, em torno dos quais em geral há muito vento, não são para mim. Meu lugar é o fértil *Bathos* da experiência, e a palavra "transcendental", cujo significado por mim tantas vezes indicado não foi sequer apreendido pelo resenhista (tão superficialmente ele olhou tudo), não significa algo que ultrapassa toda experiência, mas o que decerto a precede (*a priori*), mas ainda assim é destinado tão somente a tornar possível conhecimento empírico. Quando esses conceitos ultrapassam a experiência, seu uso se chama transcendente, o qual se distingue do imanente, isto é, do uso restrito à experiência. / A obra preveniu todos os mal-entendidos desse tipo, só que o resenhista encontrou sua vantagem em mal-entendidos.

4:374

partir do mero entendimento puro ou da mera razão pura não é mais do que pura ilusão, e só na experiência se encontra verdade".

Ora, isto é justamente o contrário daquele idealismo propriamente dito; como então cheguei à ideia de me valer dessa expressão para um propósito totalmente oposto e a vê-la por toda parte, tal qual o resenhista?

A solução desta dificuldade se baseia em algo que poderia ter sido compreendido facilmente pelo contexto do escrito, caso se tivesse vontade. Espaço e tempo, junto como tudo o que contêm em si, não são as coisas ou suas propriedades em si mesmas, mas pertencem apenas a suas aparições; até aí sou de mesma opinião com aqueles idealistas. Só que estes, e entre eles particularmente *Berkeley*, viam o espaço como uma representação meramente empírica que, tanto quanto os fenômenos nele, tornar-se-ia conhecido para nós apenas mediante a experiência ou percepção, junto com todas as suas determinações; / eu, ao 4:375 contrário, mostro primeiro que o espaço (e igualmente o tempo, ao qual *Berkeley* não deu atenção), junto com todas as suas determinações, pode ser conhecido por nós *a priori*, porque ele, tanto quanto o tempo, está presente como forma pura de nossa sensibilidade antes de toda percepção ou experiência, tornando possível toda intuição dela e assim também todos os fenômenos. Disto se segue que, baseando-se verdade em leis universais e necessárias como seus critérios, em *Berkeley* a experiência não pode ter critérios da verdade, porque (da parte dele) nada era posto *a priori* como fundamento das aparições dela, do que se seguia então que ela não seria nada senão mera ilusão, enquanto que conosco espaço e tempo (em ligação com os conceitos do entendimento puro) prescrevem *a priori* a lei de toda experiência possível, o que fornece ao mesmo tempo o critério seguro para distinguir nela verdade e ilusão*.

---

* O idealismo propriamente dito sempre tem um propósito devaneador e também não pode ter outro; o meu, entretanto, só existe para compreender a possibilidade de nosso conhecimento *a priori* de objetos da experiência, o que constitui um problema que até agora não foi solucionado, sim, não foi sequer posto. Com isto cai então todo o idealismo devaneador, que sempre (como já se pode ver em *Platão*)

Meu assim chamado idealismo (propriamente crítico) é, portanto, de tipo bem peculiar, a saber, tal que ele derruba o [idealismo] comum e que através dele todo conhecimento *a priori*, inclusive o da geometria, adquire primeiramente realidade objetiva, a qual sem esta minha idealidade demonstrada do espaço e do tempo não poderia ser sustentada pelo mais empenhado dos realistas. Nestas circunstâncias, eu desejaria, para evitar todo mal-entendido, que pudesse denominar de outra forma esse meu conceito; mas não é muito factível alterá-lo completamente. Que me seja permitido, então, futuramente chamá-lo de idealismo formal; melhor ainda, crítico, como já mencionado acima, para distingui-lo do dogmático de *Berkeley* e do cético de *Descartes*.

4:376 Não encontro mais nada de notável no julgamento desse livro. Seu autor julga de fora a fora em grosso, uma / maneira que é escolhida cuidadosamente, porque assim não se revela seu próprio saber ou ignorância; um único juízo circunstanciado e detalhado, se tivesse tratado justamente a questão principal, teria revelado talvez meu erro, talvez também o grau de compreensão do resenhista neste tipo de investigação. Para tirar antecipadamente de leitores acostumados a formar um conceito de livros com base em notícias de jornais o gosto da leitura do próprio livro, também não foi um estratagema malconcebido referir num só fôlego uma após a outra uma série de proposições que, tiradas do seu nexo com argumentos e explicações, têm de soar necessariamente absurdas (sobretudo na maneira antipódica como elas se dão em toda metafísica escolástica), abusar da paciência do leitor até a náusea, e então, depois de me apresentar à proposição engraçada de que ilusão constante é verdade, concluir com a lição dura mas paternal: Para que afinal a luta contra a linguagem comumente aceita, para que afinal e por que a distinção idealista? Um juízo que finalmente vê toda a origi-

---

inferia de nossos conhecimentos *a priori* (mesmo os da geometria) uma outra intuição que não a dos sentidos, porque não se conseguia imaginar que os sentidos também pudessem intuir *a priori*.

nalidade de meu livro em mera inovação da linguagem, quando antes deveria ser metafisicamente herético, demonstrando claramente que meu pretenso juiz não entendeu nada disso e, ainda por cima, não se entendeu bem a si mesmo*.

O resenhista fala, entretanto, como um homem ciente de conhecimentos mais importantes e excelentes, mas que ele ainda mantém escondidos; pois eu não fiquei sabendo recentemente de nada no concernente à metafísica que pudesse justificar tal tom. Mas ele é bastante injusto ao não revelar ao mundo suas descobertas, pois sem dúvida acontece a muitos, como a mim, que não puderam achar, em todas as belas coisas que há tempo foram escritas nesta área, / que a ciência tenha sido avan- 4:377 çada com isto um dedo sequer. Decerto ainda se encontra por aí quem aguce definições, proveja demonstrações mancas de novas muletas e acrescente ao centão da metafísica novos farrapos ou um novo corte, mas não é isto que o mundo pede. O mundo está farto de afirmações metafísicas; o que se quer é [conhecer] a possibilidade desta metafísica, as fontes de que pode ser derivada nela a certeza, e critérios seguros para distinguir entre a ilusão dialética da razão e a verdade. O resenhista deve possuir a chave para isto, pois do contrário jamais teria falado num tom tão soberbo.

Mas suspeito que talvez nunca lhe tenha ocorrido uma tal necessidade da ciência, pois do contrário ele teria voltado seu juízo para aquele ponto, merecendo respeito de sua parte até mesmo uma tentativa malsucedida num assunto tão importante. Se for este o caso, então voltamos a ser bons amigos. Ele

---

* O resenhista se debate a maior parte do tempo com sua própria sombra. Se eu contraponho a verdade da experiência ao sonho, ele sequer pensa que aqui se trata apenas do *somnio objective sumto* [sonho tomado objetivamente] da filosofia *wolffiana*, o qual é meramente formal, e no que não se considera de modo algum a distinção entre o dormir e o despertar, que tampouco pode ser considerada numa filosofia transcendental. Além do mais, ele se refere à minha dedução das categorias e à tábua dos princípios do entendimento: "princípios geralmente conhecidos da lógica e da ontologia, expressos de maneira idealista". O leitor só precisa conferir estes prolegômenos, para se convencer de que não é possível de maneira alguma proferir um juízo mais mesquinho e mesmo historicamente incorreto.

pode aprofundar-se em sua metafísica o quanto achar bom, nisto ninguém deve impedi-lo; só que ele não pode julgar aquilo que se encontra fora da metafísica, a saber, as fontes dela que se encontram na razão. Que minha suspeita não é sem fundamento, no entanto, comprovo com o fato de ele não mencionar sequer com uma palavra a possibilidade do conhecimento sintético *a priori*, que era propriamente o problema sobre cuja solução repousa inteiramente o destino da metafísica e a que se propunha de fora em fora minha *Crítica* (bem como aqui meus prolegômenos). O idealismo, com que ele se deparou e no qual também ficou preso, foi incorporado à doutrina apenas como um meio para resolver aquele problema (embora tenha obtido sua confirmação também por outros fundamentos); e então ele teria de ter mostrado ou que aquele problema não tem a importância que eu lhe atribuo (como também agora nos prolegômenos) ou que ele não pode ser resolvido de modo algum por meu conceito de fenômenos ou ainda que ele poderia ser resolvido melhor de outra maneira; sobre isso, no entanto, não encontro nenhuma palavra na resenha. Portanto, o resenhista não entendeu nada de meu escrito e talvez também do espírito e da essência da própria metafísica; a menos que, o que prefiro supor, uma pressa de resenhista, irritada com a dificuldade de avançar por tantos obstáculos, tenha lançado uma sombra desfavorável sobre a obra diante dele e a tenha tornado irreconhecível em seus traços essenciais.

4:378   / Ainda falta muito para que uma revista erudita possa sustentar sua reputação, aliás merecida, no campo da metafísica tanto quanto em outras partes, por mais que seus colaboradores sejam escolhidos com o maior cuidado. Outras ciências e conhecimentos têm certamente seu critério. Matemática tem o seu em si mesma; história e teologia, em livros profanos ou sagrados; ciência natural e medicina, em matemática e experiência; jurisprudência, em livros jurídicos; e até mesmo assuntos de gosto, nos modelos dos antigos. Só no julgamento da coisa chamada metafísica ainda deve ser encontrado o critério (eu fiz um esforço para determiná-lo junto com seu uso). Mas o que fazer até esse ser encontrado, se tem de ser emitido um juízo sobre escritos deste gênero? Se eles são de tipo dogmático, pode-se achar o que se quiser: nisto ninguém há de bancar o mestre sobre o outro por muito tempo sem que se encontre alguém que lhe dê o troco. Se eles são de tipo crítico, entretanto, e na verdade não em vista de outros escritos, mas da própria razão, de modo que o critério do julgamento ainda não pode ser admitido, mas é antes procurado, então podem ser permitidas objeção e dúvida, mas nisto certamente tem de subjazer tolerância, porque a necessidade é comum, tornando a falta da necessária compreensão inadmissível uma postura decisória.

Para conectar esta minha defesa ao mesmo tempo com o interesse da comunidade filosófica, proponho um tentame decisivo sobre o modo como todas as investigações metafísicas têm de ser voltadas para o objetivo comum. Esse não é diferente daquilo que os matemáticos fizeram em geral para determinar numa disputa a prevalência de seu método, a saber, um desafio a meu resenhista para demonstrar à sua maneira, mas, como convém, por fundamentos *a priori*, uma única proposição qualquer sustentada por ele como verdadeiramente metafísica, isto é, sintética e conhecida *a priori*, talvez também uma das mais indispensáveis, como, por exemplo, o princípio da permanência da substância ou da necessária determinação dos eventos através de sua causa. Se ele não pode isso (e silêncio é confissão), então deve admitir que, uma vez que metafísica não é em geral nada sem certeza apodíctica das proposições deste tipo, a sua possibilidade ou impossibilidade / tem de ser decidida antes de 4:379 qualquer coisa em uma crítica da razão pura; portanto, ele é obrigado ou a admitir que meus princípios da crítica são corretos ou a demonstrar sua invalidade. Como vejo de antemão, entretanto, que, por mais que ele até agora se tenha fiado despreocupadamente na certeza de seus princípios, ainda assim, quando se trata de uma prova rigorosa, ele não encontrará em toda a amplidão da metafísica um único sequer com que ele possa apresentar-se valentemente, então lhe quero conceder a mais vantajosa condição que se pode porventura esperar numa disputa, a saber, tirar dele o ônus da prova e deixar que ele seja imposto a mim.

Pois ele encontra nestes prolegômenos e em minha *Crítica* (p. 426-461) oito proposições que sempre se contradizem de duas a duas; mas cada uma pertence necessariamente à metafísica, a qual tem de admiti-la ou refutá-la (se bem que nenhuma delas deixou de ser admitida em seu tempo por um filósofo qualquer). Agora ele tem a liberdade de escolher a bel-prazer uma dessas oito proposições e admiti-la sem demonstração, da qual o dispenso, mas apenas uma (pois desperdício de tempo lhe servirá tão pouco quanto a mim), e então atacar minha demonstração da proposição contrária. Se não obstante consigo salvar a essa e mostrar desta maneira que, segundo princípios que toda metafísica dogmática tem de reconhecer necessariamente, pode ser demonstrado de maneira igualmente clara o contrário da proposição por ele adotada, então se decidiu com isso que se encontra na metafísica um defeito hereditário, que não pode ser explicado e muito menos superado a não ser que se suba até seu lugar de nascimento, a própria razão pura; e assim ou tem de ser admitida minha crítica ou colocada em seu lugar uma melhor, sendo ela então ao menos estudada, o que é a única coisa que peço por ora. Se, ao contrário, não consigo salvar minha demonstração, então se sustenta do lado do meu oponente uma proposição sintética *a priori* com base em princípios dogmáticos, minha acusação da metafísica comum foi por isto injusta e eu me disponho a reconhecer sua reprovação de minha *Crítica* como legítima (embora isto esteja longe de ser a consequência). Mas imagino que para tanto seria necessário sair do incógnito, porque não vejo como de outra maneira se poderia evitar que, 4:380 em vez de um problema, /, eu fosse honrado ou assediado com muitos por adversários inominados e mesmo incompetentes.

Proposta de um exame da Crítica *ao qual pode seguir-se o juízo.*

Fico obrigado ao público também pelo silêncio com que honrou minha *Crítica* por este tempo todo, pois isto mostra certamente um adiamento do juízo e, portanto, alguma suspeita de que, numa obra que abandona todos os caminhos usuais e envereda por um novo, no qual não é fácil se encontrar de imediato, talvez possa ter algo pelo qual um importante ramo do conhecimento humano, agora ressequido, poderia ganhar nova vida e fecundidade, [mostra] portanto um cuidado para não quebrar e destruir por um juízo apressado o ainda tenro enxerto. Uma amostra de um juízo retardado por tais razões me apareceu justamente agora na *Gothaische gelehrten Zeitung*, cuja profundidade cada leitor perceberá por si mesmo na representação clara e genuína de uma parte pertencente aos primeiros princípios de minha obra (sem levar em consideração meu elogio suspeito nisso).

E agora proponho, uma vez que uma ampla construção não pode de maneira alguma ser julgada imediatamente em bloco por uma avaliação superficial, examiná-la parte por parte desde o seu fundamento, aproveitando nisto os presentes prolegômenos como um esboço, com o qual a própria obra poderia então ser comparada eventualmente. Esta pretensão seria presunçosa e mereceria ser rejeitada com desgosto se não tivesse como fundamento nada mais do que minha imaginação de uma importância que a vaidade confere comumente a todos os produtos próprios. Só que as coisas de toda a filosofia especulativa estão a ponto de se extinguir completamente, mesmo que a razão humana se agarre a elas com uma inclinação inextinguível, que apenas por ser sempre iludida tenta agora se transformar em indiferença, ainda que em vão.

Em nossa época pensativa não se pode supor que muitos homens meritosos não aproveitarão toda boa ocasião para contribuir com o interesse comum da razão que se esclarece sempre mais, desde que se mostre apenas alguma esperança de chegar com isto ao objetivo. / Matemática, ciência natural, leis, artes, 4:381 até mesmo moral etc. não preenchem ainda completamente a alma; sempre resta nela um espaço demarcado para a simples razão pura e especulativa, cujo vazio nos força a procurar em caricaturas ou ninharias ou também em devaneios aparentemente ocupação e entretenimento, mas no fundo apenas distração, a fim de atordoar o incômodo chamado da razão, que de acordo com sua destinação exige algo que a satisfaça nela mesma, e não apenas a deixe ocupada em prol de outras intenções ou do interesse das inclinações. Por isso, uma reflexão que se ocupa apenas deste âmbito da razão subsistente por si mesma, justamente porque nele confluem e se unem num todo os demais conhecimentos e até mesmo fins, como suponho com fundamento, constitui um grande atrativo para cada um que tenha tentado ampliar assim seus conceitos, e posso decerto dizer: um atrativo maior do que o de qualquer outro saber teórico, que certamente não se trocaria tão facilmente por aquele.

Mas proponho estes prolegômenos como plano e guia da investigação, e não a própria obra, porque, embora eu ainda agora esteja bem satisfeito com esta no que diz respeito ao conteúdo, à ordem, ao método e ao cuidado aplicados a cada proposição, para ponderá-la e examiná-la com precisão antes de avançá-la (pois levou anos para me satisfazer completamente, não apenas com o todo, mas às vezes também apenas com uma única proposição em vista de suas fontes), ainda assim não estou completamente satisfeito com minha exposição em algumas seções da doutrina elementar, por exemplo, a da dedução dos conceitos do entendimento ou a dos paralogismos da razão pura, porque uma certa prolixidade nelas atrapalha a clareza, podendo ser tomado em seu lugar, como base para o exame, aquilo que aqui os prolegômenos dizem no concernente a essas seções.

Louvam-se os alemães por conseguirem ir mais longe do que outros povos naquilo que requer persistência e contínua diligência. Se esta opinião é fundamentada, então se mostra aqui uma oportunidade de levar a cabo um empreendimento de cujo fim feliz não há que duvidar e no qual todos os homens pensantes têm igual interesse, e que até agora não se tinha conseguido concluir, confirmando assim aquela opinião favorável; sobretudo porque a ciência de que se trata é de natureza tão peculiar, que ela / pode ser levada de uma só vez à sua completa perfeição e àquele estado *permanente* em que ela já não pode ser levada minimamente mais longe e ampliada por descobertas posteriores ou também simplesmente modificada (não considero aqui o aperfeiçoamento mediante eventual aumento de clareza ou acréscimo de utilidade em vista de todo tipo de propósito), uma vantagem que nenhuma outra ciência tem nem pode ter, porque nenhuma diz respeito a uma faculdade cognitiva tão inteiramente isolada, independente de e não misturada com outras. O atual momento também não parece desfavorável a essa minha pretensão, já que agora quase não se sabe na Alemanha com o que alguém se poderia ainda ocupar além das assim chamadas ciências úteis, de modo que não seja um mero jogo, mas ao mesmo tempo negócio pelo qual é alcançado um objetivo duradouro.

Devo deixar a outros encontrar os meios de como os esforços dos eruditos poderiam ser unidos para tal propósito. Não é minha intenção, entretanto, exigir de quem quer que seja um simples seguimento de minhas proposições ou mesmo me lisonjear com a mera expectativa disso, mas podem ocorrer, como é o caso, ataques, repetições, restrições, ou também confirmação, complementação e ampliação: desde que o assunto seja investigado em profundidade, já não pode falhar agora que assim se constitua uma doutrina, mesmo que não a minha, que pode vir a ser um legado à posteridade, pelo qual ela terá motivo de ser agradecida.

Seria demasiadamente prolixo mostrar aqui, depois de se ter chegado à clareza sobre os princípios da crítica, o que se pode esperar para uma metafísica de acordo com ela, e como essa, pelo fato de se lhe ter arrancado as penas falsas, não precisa de modo algum aparecer como miserável e reduzida meramente a uma figura menor, mas pode aparecer como aparelhada rica e decentemente em outra perspectiva; mas logo saltam à vista outros grandes benefícios que tal reforma traria consigo. A metafísica comum decerto já trouxe benefício por procurar os conceitos elementares do entendimento puro, para torná-los claros pela análise e determinados por definições. Através disso, ela foi uma cultura para a razão, para onde quer que esta depois achasse conveniente se voltar. Só que isso também foi todo o bem que ela fez. Pois ela destruiu este seu mérito por favorecer, com afirmações temerárias, a vaidade, / com subterfúgios e floreios, a sofística e, com a facilidade de se livrar dos problemas mais difíceis com um pouco de sabedoria escolástica, a superficialidade, a qual é tanto mais sedutora quanto pode escolher, por um lado, algo da linguagem da ciência e, por outro, da popularidade, sendo assim tudo para todos, mas de fato nada de todo. Pela crítica, ao contrário, é conferido a nosso juízo o critério pelo qual a ciência pode ser distinguida com segurança da pseudociência, e ela funda, por entrar em seu pleno exercício na metafísica, um modo de pensar que depois expande sua influência benfazeja e insufla primeiramente o verdadeiro espírito filosófico em todo outro uso da razão. Mas também o serviço que ela presta à teologia, ao torná-la independente do juízo da especulação dogmática e justo por isso deixá-la completamente segura contra todos os ataques de tais adversários, não há de ser menosprezado. Pois metafísica comum, mesmo que tenha prometido àquela muita vantagem, não pôde depois cumprir essa promessa, e ainda por cima, ao mobilizar em seu apoio a dogmática especulativa, não logrou senão armar contra si os inimigos. O fanatismo, que numa era esclarecida não pode prosperar a não ser que se esconda atrás de uma filosofia escolástica, sob cuja proteção ele pode ousar como que delirar com razão, é expulso pela filosofia crítica desse seu último esconderijo; e sobre tudo isso tem de ser importante para um professor da metafísica poder dizer uma vez com aprovação geral que o que ele ensina agora finalmente é também *ciência*, trazendo assim proveito efetivo à comunidade.

APÊNDICE

RESENHA DA *CRÍTICA DA RAZÃO PURA*

[Resenha da *Crítica da razão pura*, no suplemento
da revista *Göttinginschen Gelehrten Anzeigen*,
número 3 de 1782, p. 40-48.]

Crítica da razão pura. De Immanuel Kant. 1781.
856 p. in-oitavo.

Esta obra, que sempre exercita o entendimento de seus leitores, mesmo que nem sempre instrua, seguidamente força a atenção até o cansaço, às vezes vem em seu auxílio com boas imagens ou a recompensa com consequências úteis inesperadas, é um sistema do idealismo superior ou, como o autor o denomina, transcendental; um idealismo que abrange igualmente espírito e matéria, transforma o mundo e nós mesmos em representações e deixa todos os objetos se constituir a partir de fenômenos na medida em que o entendimento os conecta em *uma* série da experiência e a razão procura necessariamente, embora em vão, estendê-los e unificá-los em *um* sistema cósmico total e completo. O sistema do autor se baseia aproximadamente nas seguintes proposições principais. Todos os nossos conhecimentos se originam de certas modificações de nós mesmos que chamamos de sensações. No que estas se encontram, de onde elas provêm, isto nos é no fundo completamente desconhecido. Se há uma coisa real a que as representações inerem, coisas reais independentes de nós que as produzem, sempre ainda conhecemos tão pouco de uma quanto de outro qualquer predicado. Apesar disso, admitimos objetos; falamos de nós mesmos e de nossos corpos como de coisas reais, acreditamos conhecer a ambos e julgamos sobre eles. A causa disso é simplesmente que a maioria dos fenômenos tem algo em comum. Por isso, eles se unem entre si e se distinguem daquilo que chamamos de *nós mesmos*. Assim consideramos as intuições dos sentidos externos / como coisas e eventos fora de nós, porque todas elas ocorrem uma ao lado da outra num certo espaço e uma após a outra num certo tempo. Para nós é real aquilo que representamos em algum lugar e em algum tempo. Espaço e tempo mesmos não são algo real fora de nós, tampouco são relações nem conceitos abstraídos, mas leis subjetivas de nossa faculdade de representação, formas das sensações, condições subjetivas da intuição sensível. Sobre esses conceitos das sensações como meras modificações de nós mesmos (sobre o que também *Berkeley* constrói sobretudo seu idealismo), do espaço e do tempo repousa um dos pilares do sistema kantiano. – *Dos fenômenos sensíveis*, que se distinguem de outras representações apenas pela condição subjetiva de que estão ligados a eles tempo e espaço, *o entendimento faz objetos. Ele os faz.* Pois é ele que por primeiro reúne várias pequenas alterações sucessivas da alma em todos de sensações completas; é ele que também liga entre si esses todos no tempo de maneira tal que eles seguem uns aos outros como causa e efeito, pelo que cada qual adquire seu lugar determinado no tempo infinito, e todos juntos [adquirem] o aspecto e a firmeza de coisas reais; finalmente, é ele que distingue, por um acréscimo de conexão, os objetos simultâneos, como agindo reciprocamente uns sobre os outros, dos sucessivos, como dependentes apenas unilateralmente uns dos outros; e desta maneira, ao introduzir nas intuições dos sentidos ordem, regularidade da sequência e influência recíproca, cria a natureza propriamente dita e determina suas leis de acordo com as próprias. Estas leis do entendimento são mais velhas do que os fenômenos, nos quais elas são aplicadas: / há, pois, conceitos do entendimento *a priori.* Deixamos de lado a tentativa do autor de explicar ainda mais toda a operação do entendimento por sua redução a quatro funções principais e quatro conceitos principais delas dependentes, a saber, qualidade, quantidade, relação e modalidade; os quais, por sua vez, abrangem outros mais simples, devendo fornecer os princípios para o conhecimento empírico na ligação com as representações de tempo e espaço. São os princípios comumente conhecidos da lógica e ontologia, expressos de acordo com as restrições idealistas do autor. Ocasionalmente é mostrado como Leibniz teria chegado à sua monadologia, e lhe são contrapostas observações que podem em boa medida ser obtidas também independentemente do idealismo transcendental do autor. O resultado principal de tudo o que o autor observou sobre a operação do entendimento deve então ser este: que o uso correto do entendimento puro consiste em aplicar seus conceitos a fenômenos sensíveis, formando experiências pela ligação de ambos; e que seria um abuso dele e uma operação fadada ao fracasso inferir de conceitos a existência e as propriedades de objetos que nunca podemos experimentar. (Experiências, em oposição a meras imaginações e sonhos, são para o autor intuições sensíveis ligadas com conceitos do entendimento. Mas confessamos que não compreendemos como a distinção em geral tão fácil para o entendimento humano entre o real e o imaginário ou meramente possível, pode ser fundamentada suficientemente, sem admitir uma nota do primeiro na própria sensação, pela *mera* aplicação dos conceitos do entendimento, uma vez que também visões e fantasias, em sonhadores e despertos, podem aparecer como / fenômenos externos no espaço e no tempo e em geral como ligadas entre si de forma bem-ordenada; às vezes, até aparentemente mais ordenadas do que os acontecimentos reais.) – Além do entendimento, entretanto, junta-se no tratamento das representações ainda uma nova força, *a razão*. Esta se relaciona com os conceitos reunidos do entendimento, assim como o entendimento com os fenômenos. Tal qual o entendimento contém as regras segundo as quais os fenômenos singulares são dispostos em séries de uma experiência coerente, assim a razão busca os princípios supremos pelos quais essas séries podem ser unidas em uma totalidade completa do mundo. Assim como o entendimento faz das sensações uma cadeia de objetos que se unem uns aos outros como as partes do tempo e do espaço, apontando o último membro, no entanto, sempre ainda a outros anteriores e mais remotos, assim a razão quer prolongar essa cadeia até seu primeiro ou último membro; ela busca o começo e o limite das coisas. A primeira lei da razão é que, onde há algo condicionado, tem de ser dada completamente ou avançada até algo incondicional a série das condições. De acordo com isto, ela ultrapassa a experiência de duas maneiras. Uma vez ela quer estender a série das coisas que experimentamos muito além do que alcança a própria experiência, porque quer chegar à completude das séries. Depois ela quer também nos levar a coisas que nunca experimentamos assim, [a saber,] ao incondicionado, absolutamente necessário, irrestrito. Mas todos os princípios da razão levam à ilusão ou a contradições, caso sejam estendidas para mostrar coisas reais e suas propriedades, quando de fato / deviam servir apenas como regras para o entendimento avançar sem fim na investigação da natureza. Esse juízo universal o autor aplica a todas as principais investigações da psicologia, cosmologia e teologia especulativa; como ele em geral o determina e procura justificá-lo, tornar-se-á compreensível, não completamente, mas em certa medida pelo que se segue. Na psicologia, os paralogismos surgem quando determinações que cabem apenas aos pensamentos enquanto pensamentos são consideradas propriedades do ser pensante. A proposição: *eu penso*, a única fonte de toda a psicologia raciocinante, não contém nenhum predicado do *eu*, do ser mesmo. Ela expressa apenas uma certa determinação dos pensamentos, a saber, sua conexão pela consciência. Dela não se deixa inferir, portanto, nada acerca das propriedade reais do ser que deve ser representado sob o eu. Da circunstância de que o conceito de *mim* é o sujeito de muitas proposições, e nunca pode vir a ser o predicado de um sujeito qualquer, conclui-se que *eu*, o sujeito pensante, é uma substância; quando de fato esta última palavra é destinada a indicar apenas o permanente na intuição externa. Da circunstância de que em meus pensamentos não se encontram partes fora de partes, infere-se a simplicidade da alma. Mas naquilo que deve ser tratado como real, quer dizer, como objeto da intuição externa, não pode ser dada nenhuma simplicidade, porque a condição disso é que haja espaço, que preencha um espaço. Da identidade da consciência se infere a personalidade da alma. – Mas não poderia uma série de substâncias transferir umas às outras sua consciência e seus pensamentos, como comunicam entre si seus movimentos? (Uma / objeção já usada também por Hume e mesmo muito antes dele.) Finalmente, a partir da distinção entre a consciência de nós mesmos e a intuição de coisas externas é feita uma falsa conclusão no sentido da idealidade da última, quando de fato as sensações internas nos indicam tão pouco predicados absolutos de nós mesmos quanto as externas, dos corpos. Assim, pois, o idealismo comum ou, como o autor o chama, o empírico seria anulado, não pela demonstração da existência dos corpos, mas pelo desaparecimento da vantagem que a convicção de nossa própria existência devia ter sobre aquela. – Na cosmologia, as contradições seriam inevitáveis enquanto queremos considerar o mundo como uma realidade objetiva e abrangê-lo como uma totalidade completa. A infinitude de sua duração passada, de sua extensão e de sua divisibilidade seriam incompreensíveis ao entendimento, ofendendo-o, porque ele não encontra o ponto de repouso que procura. E a razão não encontra nenhum fundamento suficiente para ficar parada em algum lugar. A unificação que o autor descobre nisso, a autêntica lei da razão, deve consistir, se o entendemos bem, em que essa decerto orienta o entendimento no sentido de buscar sem fim causas de causas, partes de partes, com o propósito de alcançar a completude do sistema das coisas, mas ao mesmo tempo também o adverte para não admitir como primeira ou última nenhuma causa, nenhuma parte, que ele encontra pela experiência. É a lei da aproximação, que inclui em si a um só tempo a inatingibilidade e a aproximação contínua. – O resultado da crítica da teologia natural é bem parecido com o anterior. Proposições que parecem expressar realidade são transformadas em regras que só prescrevem um certo procedimento ao entendimento. / Tudo o que o autor acrescenta aqui é que ele pede a ajuda do interesse prático e deixa ideias morais decidir lá onde a especulação deixou ambos os pratos da balança igualmente pesados ou antes igualmente vazios. O que essa última descobre é o seguinte. Todo pensamento de um real limitado é semelhante ao de um espaço limitado. Assim como este não seria possível se não existisse um espaço universal infinito, assim não seria possível um real finito determinado se não existisse um real infinito universal que subjazesse às determinações, quer dizer, às limitações das coisas singulares. Mas ambos são verdadeiros tão somente em relação a nossos conceitos, uma lei de nosso entendimento na medida em que uma representação pressupõe a outra. – Todas as outras demonstrações, que devem estabelecer mais, o autor considera em seu exame falhas ou insuficientes. A maneira como o autor finalmente quer fornecer por conceitos morais fundamentos à maneira comum de pensar, depois de lhe ter tirado os especulativos, é melhor deixar de lado inteiramente, porque é o que menos nos contentou. Mas há sem dúvida uma maneira de conectar os conceitos do verdadeiro e as leis mais gerais do pensamento com os conceitos e princípios mais gerais da boa conduta que tem fundamento em nossa natureza, podendo preservar dos excessos da especulação ou dela fazer voltar. Mas essa não reconhecemos na versão e apresentação do autor.

A última parte da obra, contendo a doutrina do método, mostra primeiro do que a razão pura teria de se proteger, isto é, a disciplina; / depois as regras de acordo com as quais a razão teria de se orientar, isto é, o cânon da razão pura. Não podemos analisar mais precisamente o conteúdo disso; em boa parte, ele também se deixa já tirar do precedente. Todo o livro pode sem dúvida servir para tornar conhecidas as consideráveis dificuldades da filosofia especulativa e apresentar bastante material para saudáveis considerções aos construtores e defensores de sistemas metafísicos que confiam orgulhosa e ousadamente em sua razão pura presumida. Mas nos parece que o autor não escolheu o caminho do meio entre ceticismo e dogmatismo excessivos, a justa via média para retornar com calma, mesmo que não com total satisfação, ao modo de pensar mais natural. Parece-nos decerto que ambos são caracterizados por notas seguras. Em primeiro lugar, o justo uso do entendimento tem de corresponder ao conceito mais geral da justa conduta, à lei fundamental de nossa natureza moral, portanto, à promoção da felicidade.

Logo, assim se segue a isso também que temos de nos ater à sensação mais forte e duradoura ou à aparência mais forte e duradoura como nossa realidade extrema. Isto faz o entendimento humano comum. E como o raciocinador se desvia disso? Por querer jogar uma contra a outra, fundir ou transmutar as duas espécies de sensação, a interna e a externa. Daí o materialismo, antropomorfismo etc., quando o conhecimento da sensação interna é transmudado na forma da externa ou com ela misturada. Daí também o idealismo, quando é atacado o direito da sensação externa ao lado da interna, sua especificidade. O ceticismo faz ora uma coisa, ora outra, para confundir e abalar tudo. Nosso autor em certa medida também; ele desconhece os direitos da sensação interna, ao querer que os conceitos da substância e realidade sejam vistos como pertencentes somente à sensação externa. Mas seu idealismo conflita ainda mais com as leis da sensação externa e com o modo de representação e linguagem adequada à nossa natureza que surgem daí. Se, como o próprio autor afirma, o entendimento apenas processa as sensações, e não fornece novos conhecimentos, então ele age segundo suas primeiras leis quando, em tudo o que diz respeito à realidade, ele se deixa conduzir pelas sensações mais do que as conduz. E se, admitindo o máximo que o idealista quer sustentar, tudo de que podemos saber e dizer algo é apenas representação e lei do pensamento, se as representações, modificadas e ordenadas em nós segundo certas leis, são justamente aquilo que chamamos de objetos e mundo, para que então o conflito com esta linguagem comumente admitida? Para que então e por que a distinção idealista?

GLOSSÁRIOS

PORTUGUÊS-ALEMÃO

A
afirmação: Behauptung
alma: Seele
aparência: Schein
autoconhecimento:
   Selbsterkenntnis

C
campo: Feld
caso: Fall
causa: Ursache
ciência: Wissenschaft
ciência natural: Naturwissenschaft
coisa: Ding
coisa: Sache
coisa em si: Ding an sich
completude: Vollständigkeit
conceito: Begriff
conclusão: Schluss
condição: Bedingung
conexão: Verknüpfung
conhecimento: Erkenntnis
conjunto: Inbegriff

consciência: Bewusstsein
conteúdo: Inhalt
contradição: Widerspruch
contradição: Widerstreit
crença: Glaube

D
definição: Erklärung
determinação: Bestimmung
determinação dos limites:
   Grenzbestimmung
diferença: Unterschied
disposição natural: Naturanlage
distinção: Unterscheidung
divisão: Einteilung
domínio: Gebiet

E
efeito: Wirkung
entendimento: Verstand
espaço: Raum
espírito: Geist
experiência: Erfahrung
explicação: Erklärung

F

faculdade: Vermögen
falsidade: Falschheit
fenômeno: Erscheinung
fim: Zweck
fonte: Quelle
fundamentação: Grundlegung
fundamento: Grund
fé: Glaube

H

homem: Mensch

I

imaginação: Einbildung
imaginação: Einbildungskraft
inevitável: unvermeidlich
intenção: Absicht
intuição: Anschauung
investigação: Untersuchung

J

juízo: Urteil
juízo de experiência:
    Erfahrungsurteil
juízo de percepção:
    Wahrnehmungsurteil

L

lei: Gesetz
liberdade: Freiheit
ligação: Verbindung
limitação: Begrenzung
limite: Grenze

M

meio: Mittel
multiplicidade: mannigfaltig
multiplicidade: Mannigfaltikeit
mundo: Welt
múltiplo: mannigfaltig
múltiplo: Mannigfaltikeit

N

necessidade: Notwendigkeit

O

objeto: Gegenstand
objeto: Sache
opinião: Behauptung
origem: Ursprung

P

pensamento: Gedanke
percepção: Wahrnehmung
permanência: Beharrlichkeit
possibilidade: Möglichkeit
pressuposição: Voraussetzung
princípio: Grundsatz
problema: Aufgabe
proposição: Satz
propriedade: Eigenschaft

R

razão: Vernunft
relação: Verhältnis
representação: Vorstellung
resolução: Auflösung
restrição: Schranke

S

saber: Wissen
sensação: Empfindung
sensibilidade: Sinnlichkeit
sentido: Sinn
sentimento: Gefühl
significado: Bedeutung
solução: Auflösung
suposição: Voraussetzung

T

tarefa: Aufgabe
tempo: Zeit

U

unidade: Einheit
universalidade: Allgemeinheit
uso: Gebrauch
utilidade: Nutzen

V

validade: Gültigkeit
verdade: Wahrheit
vontade: Wille

ALEMÃO-PORTUGUÊS

A

Absicht: intenção
Allgemeinheit: universalidade
Anschauung: intuição
Aufgabe: problema
Aufgabe: tarefa
Auflösung: resolução
Auflösung: solução

B

Bedeutung: significado
Bedingung: condição
Begrenzung: limitação
Begriff: conceito
Beharrlichkeit: permanência
Behauptung: afirmação
Behauptung: opinião
Bestimmung: determinação
Bewusstsein: consciência

D

Ding: coisa
Ding an sich: coisa em si

E

Eigenschaft: propriedade
Einbildung: imaginação
Einbildungskraft: imaginação
Einheit: unidade
Einteilung: divisão
Empfindung: sensação
Erfahrung: experiência

Erfahrungsurteil: juízo de
experiência
Erkenntnis: conhecimento
Erklärung: definição
Erklärung: explicação
Erscheinung: fenômeno

F
Fall: caso
Falschheit: falsidade
Feld: campo
Freiheit: liberdade

G
Gebiet: domínio
Gebrauch: uso
Gedanke: pensamento
Gefühl: sentimento
Gegenstand: objeto
Geist: espírito
Gesetz: lei
Glaube: crença
Glaube: fé
Grenzbestimmung: determinação
dos limites
Grenze: limite
Grund: fundamento
Grundlegung: fundamentação
Grundsatz: princípio
Gültigkeit: validade

I
Inbegriff: conjunto
Inhalt: conteúdo

M
mannigfaltig: multiplicidade
mannigfaltig: múltiplo
Mannigfaltikeit: multiplicidade
Mannigfaltikeit: múltiplo
Mensch: homem
Mittel: meio
Möglichkeit: possibilidade

N
Naturanlage: disposição natural
Naturwissenschaft: ciência natural
Notwendigkeit: necessidade
Nutzen: utilidade

Q
Quelle: fonte

R
Raum: espaço

S
Sache: coisa
Sache: objeto
Satz: proposição
Schein: aparência
Schluss: conclusão
Schranke: restrição
Seele: alma
Selbsterkenntnis:
autoconhecimento
Sinn: sentido
Sinnlichkeit: sensibilidade

U

Unterscheidung: distinção
Unterschied: diferença
Untersuchung: investigação
unvermeidlich: inevitável
Ursache: causa
Ursprung: origem
Urteil: juízo

V

Verbindung: ligação
Verhältnis: relação
Verknüpfung: conexão
Vermögen: faculdade
Vernunft: razão
Verstand: entendimento
Vollständigkeit: completude
Voraussetzung: pressuposição
Voraussetzung: suposição
Vorstellung: representação

W

Wahrheit: verdade
Wahrnehmung: percepção
Wahrnehmungsurteil: juízo de
    percepção
Welt: mundo
Widerspruch: contradição
Widerstreit: contradição
Wille: vontade
Wirkung: efeito
Wissen: saber
Wissenschaft: ciência

Z

Zeit: tempo
Zweck: fim

ÍNDICE ONOMÁSTICO

A

Aristóteles 91, 140

B

Baumgarten, A.G. 32, 94
Beattie, J. 8, 20, 21
Berkeley, G. 7, 8, 9, 10, 59, 146, 147, 148, 158

D

Descartes, R. 9, 10, 59, 148

E

Euclides 33, 146

F

Feder, J.G.H. 7

G

Garve, C. 7

H

Herz, M. 7
Horácio 19, 40
Hume, David 8, 9, 10, 12, 19, 20, 21, 22, 23, 24, 25, 32, 34, 41, 78, 79, 80, 81, 122, 127, 129, 130, 131, 132, 161

L

Leibniz, Wilhelm von 19, 159
Locke, J. 19, 32, 54

M

Mendelssohn, M. 7, 25

O

Oswald, J. 8, 20

P

Platão 147
Platner, E. 120

R

Reid, T. 8, 20

T

Tetens, J. 7, 8

V

Virgílio 26

W

Wolff, C. 32

Confira outros títulos da coleção em

livrariavozes.com.br/colecoes/pensamento-humano

ou pelo Qr Code

Confira outros títulos da coleção em livrariavozes.com.br/colecoes/pensamento-humano ou pelo Qr Code.

Conecte-se conosco:

f facebook.com/editoravozes

⌾ @editoravozes

𝕏 @editora_vozes

▶ youtube.com/editoravozes

☎ +55 24 2233-9033

www.vozes.com.br

Conheça nossas lojas:

www.livrariavozes.com.br

Belo Horizonte – Brasília – Campinas – Cuiabá – Curitiba
Fortaleza – Juiz de Fora – Petrópolis – Recife – São Paulo

Vozes de Bolso

EDITORA VOZES LTDA.
Rua Frei Luís, 100 – Centro – Cep 25689-900 – Petrópolis, RJ
Tel.: (24) 2233-9000 – E-mail: vendas@vozes.com.br